Bernhard Schön

Wild und Verwegen übers Meer

Kinder spielen Seefahrer und Piraten

mit Bildern von Susanne Szesny

Ökotopia Verlag Münster

Impressum

Autor: Bernhard Schön

Illustrationen Susanne Szesny

Satz: Studio Bandur, Bad Camberg-Würges

Herausgeber: BBS – Buchwerk Bernhard Schön, Hünstetten-Ketternschwalbach

8. Auflage 2011

Der Text dieses Buches wurde nach den neuen Regeln der Rechtschreibung und Zeichensetzung verfasst.

Inhaltsverzeichnis

Fernweh und Abenteuer, Überlebenskampf und Gefahr

Dem stürmischen Wind auf einem schnellen Schiff trotzen, beim Landgang fremde Länder und Menschen kennen lernen, gefährliche Abenteuer siegreich bestehen und reiche Beute machen. Die Freiheit genießen, aus der Enge der alten Heimat ausbrechen, sein eigener Herr sein.
Aber auch: Ums Überleben kämpfen, wenn bei Sturm mannshohe Brecher über die Reling schwappen und der Mast zu brechen droht. Bei Windstille vor Langeweile vergehen und aus kleinstem Anlass Streit mit dem Kameraden anfangen. Wochenlang ungenießbares Essen und ungerechte Vorgesetzte aushalten.

Seefahrt und Freibeutertum waren nie so romantisch, wie uns das viele Geschichten und Abenteuerbücher erzählen wollen. Aber wir „Landratten" haben immer auch gern daran geglaubt: sind wir doch mit Peter Pan und Käpt'n Hook aufgewachsen, haben von Horatio Hornblower oder Moby Dick geschwärmt und Geschichten über Störtebeker und seine „Vitalienbrüder" verschlungen.

Wer sich mit der Geschichte der Seefahrt und den großen Entdeckern beschäftigt, der weiß bald zu unterscheiden zwischen Dichtung und Wahrheit, der sieht den nüchternen und harten Alltag auf den Segelschiffen und erkennt manche Geschichte über blutrünstige Piraten als geschickte Propaganda, die den Feind einschüchtern sollte.

Trotz der möglichen Ernüchterung: Es bleibt die Faszination bei der Beschäftigung mit dem Meer, die Sehnsucht, das Gebiet hinter dem weiten Horizont zu finden, der Stolz, dem Wind und tausend anderen Gefahren getrotzt zu haben.

Seit es Menschen gibt, haben sie sich das Wasser zunutze gemacht. Als Fischer und als Händler, als Eroberer und als Freibeuter.
Das Leben auf den Schiffen war zu keiner Zeit besonders angenehm. Oft fuhren die Seeleute über Monate, manchmal sogar Jahre auf ihren engen Schiffen, womöglich in fremden Gewässern und mit unbekanntem Ziel.
Ihre Gegenspieler, die Seeräuber, mussten häufig lange warten, bis sie ein anderes Schiff am Horizont entdeckten. Und der Ausgang des anschließenden Überfalls war ungewiss. Vielleicht hatte sich die gegnerische Mannschaft gut vorbereitet und bewaffnet, und statt reiche Beute zu machen, wurden die Piraten gefangen genommen und verurteilt.

Allerdings war es schon immer eine Frage des Standpunktes, wer als Seeräuber bezeichnet wurde und wer im Namen seines Landes einen „gerechten" Krieg führen oder an fremden Küsten gegen den Willen der Ureinwohner Niederlassungen gründen konnte.
Immer standen Handelsinteressen, oft gepaart mit Eroberungslust, Pate, wenn Kriege geführt wurden – ob zu Wasser oder zu Land. So waren viele Vorfahren von später berühmten und geachteten Adelsfamilien schlichte Räuber, die sich beschönigend Raubritter nannten. Auch unter den Seeräubern gab es immer wieder verarmte oder abenteuerlustige Adlige. Und mancher Pirat wurde zum wichtigen Bündnisgenossen von Königen und Regierungen bei der Eroberung neuer Länder oder im Kampf gegen alte Gegner. Dann konnte es passieren, dass ein erfolgreicher Freibeuter wie Francis Drake von der englischen Queen Elizabeth I. geadelt und zum Vizeadmiral der königlichen Flotte ernannt wurde.

Auch Klaus Störtebeker, dem wir im vorliegenden Buch begegnen werden, kämpfte mit seinen Schiffen zeitweise als offizieller Verbündeter der mecklenburgischen Fürsten, später des niederländischen Herzogs Albrecht, bis er den Hanse-Kaufleuten in Hamburg zu mächtig wurde und sie ihn gefangen nehmen ließen und verurteilten. So jedenfalls geht die Geschichte, die noch viele farbige Einzelheiten über Störtebeker und seine Vitalienbrüder auszumalen weiß. Dabei sind sich die Geschichtsforscher gar nicht sicher, ob er wirklich der große Freibeuterkapitän gewesen ist, ja nicht einmal, dass er mit Vornamen Klaus geheißen hat. Aber die Zeit und der Ort seines tatsächlichen oder vermeintlichen Lebens, das 15. Jahrhundert und die Ostsee, waren eine Blütezeit des deutschen Seehandels, also auch der deutschen Seeräuber.

Die (zweispaltig gesetzte) *Geschichte zum Vor- und Selberlesen* führt uns in eine Hafenstadt an der Ostsee zur Zeit der Hanse, dem mächtigen Städtebund, der über Jahrhunderte Handel und Schifffahrt in Deutschland und Europa beherrschte. Klaus, der Sohn eines Fischers, und Margarete, die Tochter einer Kneipenwirtin, erleben den Empfang der mit Mecklenburg verbündeten Vitalienbrüder und ihres Führers Störtebeker. Der alte Kapitän „Ant“ spinnt sein Seemannsgarn und erzählt den Kindern über den Klabautermann und die sagenhaften Schätze des Orients; er hat seinen Spitznamen von dem im Spätmittelalter gebräuchlichen Ausdruck „blaue Ente“ = Lügen erzählen. Der abenteuerlustige Junge und seine verkleidete Freundin schmuggeln sich als blinde Passagiere auf ein Piratenschiff. Sie können dort den harten Alltag auf See beobachten und an der Eroberung von Visby teilnehmen.

Die vier *Lieder* sind Ausschnitte aus einem Tonträger, auf dem nicht nur echte Shanties zum Mitsingen, sondern auch eine spannende und lustige Rahmenhandlung zu finden sind.

Zu den Geschichten von Klaus und Margarete gibt es in jedem Kapitel *Hintergrundinformationen* (breit gesetzt) über das Meer, die Geschichte der Piraten, die mächtigen Handelsnationen, die ihren Reichtum auf ihre Schiffe gründeten, und über den harten Alltag der Seeleute.

Wer die Spiel- und Bastelvorschläge und die Rezepte umsetzt, kann schnell im Kindergarten und in der Grundschule oder beim Spielenachmittag und auf der Freizeit eine echte Seefahrer- und Freibeuter-Stimmung zaubern: in abenteuerlicher Piratenkleidung, beim Navigieren nach den Sternen, mit einem selbstgebauten Floß oder wenn die Schatzkarte mit Geheimschrift auf echtes Pergament mit einer Hühnerfeder gemalt wird. Zu Labskaus und Schiffszwieback gibt es brackiges Wasser, und beim großen Piratenfest können alle zeigen, ob sie zünftige Schifferknoten zustande bringen oder beim Klettern am Tau wirklich schwindelfrei sind.

Für Erzieherinnen, Lehrer und Eltern gibt es im Anhang Hinweise auf spannende und informative Bücher, lohnende Museen und einige interessante Multimedia-Angebote. Denn eines ist sicher: Wer einmal angefangen hat, sich mit der See zu beschäftigen, der wird nach „Meer“ verlangen ...

Die Blütezeit der deutschen Seeräuber

„In demselben Jahr, als die Schiffe von Rostock und Wismar mit Herzog Johann nach Stockholm unterwegs waren, da ließen die von Rostock und Wismar ausrufen, dass derjenige, der auf seine freie Beute und auf seine eigenen Kosten sein Glück versuchen wolle, um die Reiche Dänemark und Norwegen zu berauben und zu schädigen, sich in den Städten Wismar und Rostock einfinden solle, um Kaperbriefe zu empfangen, wo es ihnen auch erlaubt sei, frei zu teilen, zu tauschen und die geraubten Waren zu verkaufen.“

(Aus der Chronik des Lübecker Geistlichen Reimar Kock, Mitte des 16. Jahrhunderts)

Um die Seeräuber in Ost- und Nordsee im 14. und 15. Jahrhundert ranken sich zahlreiche Legenden. Vor allem Klaus Störtebeker wurde in den letzten 500 Jahren zu einem regelrechten Volkshelden aufgebaut, der gegen die reichen „Pfeffersäcke" der Hansestädte kämpfte und seine Beute nicht nur unter der Mannschaft gerecht verteilte, sondern auch für die Armen spendete. So soll auch der Name seiner Seeräuber-Gemeinschaft „Likedeeler" (Gleichteiler) entstanden sein.
Chronisten aus späteren Jahrhunderten wissen alle möglichen abenteuerlichen Geschichten über den hünenhaften Seeräuber-Kapitän zu berichten. Und in der Literatur sowohl als auch in den überlieferten Geschichten aus vielen Orten an der Nord- und der Ostsee spielt Klaus Störtebeker die Heldenrolle – ein hervorragender Seefahrer und furchtloser Kämpfer, der sogar noch bei seiner Hinrichtung mehreren Kameraden das Leben retten konnte.
Dabei ist über diesen berühmtesten deutschen Seeräuber weniges bekannt, das sich durch Dokumente und Zeitzeugen belegen ließe. Wie er ausgesehen hat, wann er geboren wurde, wo er zur See gefahren ist, bevor er als Seeräuber-Kapitän gerichtsnotorisch wurde – darüber wird zwar in vielen „Chroniken" und Romanen bis in alle Einzelheiten berichtet. Aber die Dokumente entstanden häufig erst Jahrzehnte nach dem gewaltsamen Tod des Seeräubers, und die Schriftsteller benutzten den Volkshelden als Stoff für ihre jeweils eigene dichterische Freiheit. Da konnte Klaus Störtebeker zum sozialistischen Rebellen in Willi Bredels 1950 erschienenen Roman „Die Viktualienbrüder" werden, aber auch zum Sinnbild eines tapferen Seefahrers von fast nationaler Größe in Gorch Focks „Seefahrt ist not!" von 1913.

Die Historiker sind sich heute weitgehend einig, dass Störtebeker wahrscheinlich in Wismar, einer damals bedeutenden Hafenstadt an der Ostsee, auf die Welt kam. Und es ist durch Gerichtsakten und andere verlässliche Chroniken aus dem 15. und 16. Jahrhundert belegt, dass Klaus Störtebeker einer der Hauptleute der Seeräuber in der Nord- und Ostsee war, dass die Stadt Hamburg ihn mit einer eigens ausgerüsteten Flotte besiegte und, wahrscheinlich im Jahr 1401, öffentlich hinrichten ließ.

Die vermutliche Geburtsstadt Störtebekers spielte um die Wende des 14. zum 15. Jahrhundert eine zwiespältige Rolle: Wismar und auch Rostock gehörten zwar zur Hanse, dem mächtigen Handelsbund, über den wir im nächsten Kapitel mehr erfahren werden. Aber beide Städte waren, anders als zum Beispiel Lübeck und Hamburg, keine Freien Reichsstädte, sondern gehörten zum Herzogtum Mecklenburg. Freie Reichsstädte konnten sich auch politisch selbständig entwickeln: Der Kaiser war weit weg, kam vielleicht ein- oder zweimal während seiner Regentschaft zu Besuch und hatte zudem im ausgehenden Mittelalter keine besonders große Macht mehr.
Die beiden mecklenburgischen Hafenstädte mussten dagegen ihren Fürsten unterstützen, auch wenn sich dessen Politik einmal gegen die Interessen des Hansebundes richtete. Diese Situation ergab sich nach dem Tod des mächtigen dänischen Königs Waldemar IV. Atterdag im Oktober 1375. Sein Erbe beanspruchten die beiden Töchter jeweils für ihre Söhne. Ingeborg war mit dem schwedischen König Herzog Heinrich III. von Mecklenburg verheiratet, ihre Schwester Margarete mit König Hakon VI. von Norwegen. Der Adel, der in Dänemark den König wählte, entschied sich für Margaretes Sohn

Olaf IV. Die Hanse verhielt sich zunächst neutral und erkannte schließlich die Wahl an, ganz im Gegensatz zum mecklenburgischen Fürstenhaus. Die Gegnerschaft zwischen Norwegen-Dänemark auf der einen und Mecklenburg-Schweden auf der anderen Seite wurde durch den Plan der faktisch für ihren Sohn herrschenden Margarete verschärft, die drei skandinavischen Länder Dänemark, Norwegen und Schweden unter ihrer Regentschaft zu vereinen.
Über 20 Jahre lang war Mecklenburg nun in eine komplizierte Auseinandersetzung mit der dänischen Herrscherin verwickelt, bei der es zunächst um Erbfolgestreitigkeiten, später dann um die Macht in Schweden ging.
Dieser Konflikt speiste sich aus einer Mischung von wechselnden Bündnissen, Schlachten, Belagerungen, Gefangennahmen, Eroberungen offiziell erklärten Kriegen und immer wieder gebrochenen Friedensverträgen. Jahrelang konnte sich keine Seite entscheidend durchsetzen.

Von dieser verworrenen Situation profitierten in der Ostsee die „seerovere", wie sie in alten Chroniken genannt werden. Man kann die Zeit zwischen 1376 und 1399 als die Blütezeit der deutschen Seeräuber bezeichnen. Seeräuber gab es natürlich auch vorher, und auch nach der Hinrichtung von Störtebeker und Godeke Michels in Hamburg machten Seeräuber die Handelswege über die Ostsee nach Skandinavien und Russland und über die Nordsee nach England unsicher. Nie wieder ergab sich aber eine so günstige Gelegenheit, als Bündnisgenossen der verschiedenen Interessengruppen ungestört Beute zu machen wie im ausgehenden 14. Jahrhundert.

Wer waren diese Seeräuber? Herzog Johann von Mecklenburg hatte 1391 zum Kaperkrieg gegen Dänemark aufgerufen und die Häfen Wismar und Rostock für Seeräuberschiffe geöffnet. In diesen Städten versammelten sich daraufhin Menschen unterschiedlichster Herkunft, um auf einem Kaperschiff anzuheuern. Viele verarmte Adelige waren darunter, einige hatten ihren letzten Besitz verkauft, um ein Schiff auszurüsten und mit dieser „Investition" vielleicht zu neuem Reichtum gelangen zu können. Dass es für den Landesherren gegen Dänemark ging, machte das Unternehmen gleichzeitig noch zu einer ehrenvollen Angelegenheit. Den großen Rest der zukünftigen Freibeuter interessierte es kaum, was im Kaperbrief ihres Kapitäns stand. Die landlosen Bauern, Entwurzelten und Abenteuerlustigen wollten nur eines: Beute machen und sie günstig verkaufen.
Diese Seeräuber unterstützten zwar auch den Kampf gegen Dänemark, aber sie überfielen jedes Schiff, das ihnen lohnend erschien. So ist wohl auch die Bezeichnung dieser Seeräuber als „Vitalienbrüder" entstanden: Eine Gruppe, die sich selbst versorgte und auf eigene Rechnung kämpfte. In vielen Büchern wird die Darstellung verbreitet, die Seeräuber seien zu ihrem Namen gekommen, weil sie Stockholm mit Nahrungsmitteln versorgt hätten. Nach Auswertung neuer Quellen ist diese Ansicht nicht zu halten, da die Bezeichnung „Vitalienbrüder" bereits Jahre vor der Belagerung von Stockholm verwendet wurde.
Die Kaperfahrer waren so erfolgreich, dass sie den Handel auf der Ostsee empfindlich störten. Die Hanse schaltete sich ein und vermittelte 1393 einen Friedensvertrag, der zwar brüchig war, aber immerhin verpflichteten sich Rostock und Wismar, ihre Häfen vor den Seeräubern zu schließen.

Die Seeräuberinsel

Von nun an gab es keine sichere Zuflucht mehr für die Vitalienbrüder, und die Absatzmärkte in den mecklenburgischen Hafenstädten blieben ihnen verschlossen.
Eine neue Basis für ihre Raubzüge fanden die Seeräuber in Gotland, das trotz Friedensschluss zwischen Mecklenburg und Dänemark weiter einen schwelenden Konfliktherd darstellte. Die Hauptstadt Visby war kurz vor Ende des Krieges vom mecklenburgischen Hauptmann Albrecht mit Hilfe der Vitalienbrüder erobert worden, und den Rest der Insel hielt der dänische Hauptmann Sven Sture mit seinen Leuten besetzt.
Die Seeräuber hatten noch nie aus politischen Gründen für die eine oder die andere Seite gekämpft, auch nicht während ihrer Zeit als kapernde Vitalienbrüder. So konnte sich sowohl der mecklenburgische Statthalter als auch sein dänischer Gegenspieler auf ehemalige Vitalienbrüder stützen. Die Seeräuber nahmen damit in Kauf, dass sie jetzt auch gegen ehemalige Kampfgenossen antreten mussten.

Andere Vitalienbrüder suchten nach dem Friedensschluss von 1395 außerhalb der Ostsee nach neuen lohnenswerten Zielen für sich und ihre Mannschaft. Einige verdingten sich bei einem schwedischen Ritter, eine größere Gruppe segelte nach Russland und machte in Livland reiche Beute. Andere zog es in die Nordsee, zu den Friesen und den Holländern.
Doch zunächst zurück in die Ostsee. Dort war inzwischen ganz Gotland in der Hand der Mecklenburger, Sven Sture hatte die Seiten gewechselt und dem norddeutschen Herzog den Lehenseid geleistet.
Trotz Friedensvertrag mit Dänemark gewährte Mecklenburg den Freibeutern Schutz auf Gotland, so dass sich die Insel zur regelrechten Seeräuberkolonie entwickelte:
„... und die Witwe (des Mecklenburger Fürsten Erich) ließ alle Vitalienbrüder auf das Land, und sie raubten den gemeinen Kaufmann aus, und sie ließ den Vitalienbrüdern an allen Küsten verkünden, dass derjenige, der rauben wollte, für die Hälfte seiner Beute, die der Herzogin und Sven Sture zu entrichten war, freier Aufenthalt auf dem Land und auf den Schlössern von Gotland, Ladeskrone und Sleyt gewährt würde.“ (Aus einem Bericht des Hochmeisters des Deutschen Ordens, Konrad von Jungingen)

Die Gotländer Seeräuber hatten jetzt einen umfangreichen Kaperkrieg gegen alle Kauffahrerschiffe in der Ostsee aufgenommen, so dass der Handel zeitweise fast zum Erliegen kam. Trotzdem zögerte die Hanse , und auch Margarete von Dänemark versuchte zunächst, durch Verhandlungen mit Mecklenburg die Bedrohung zu beenden. Diese Gelegenheit nutzte der politische Führer Preußens, Konrad von Jungingen, um sowohl seine Kaufleute zu schützen, als auch die dänische Königin zu schwächen, zu deren Reich ja Gotland eigentlich gehörte. Im Jahr 1398 beendeten die Deutschordensritter mit ihrem überlegenen Heer von 4000 Mann auf 84 Schiffen innerhalb von fünf Wochen die Herrschaft der Seeräuber. Diese beugten sich der Übermacht und räumten Visby und die Insel kampflos.

Die Macht der Vitalienbrüder, die von 1395 bis 1398 die Schifffahrt auf der Ostsee fast unmöglich gemacht hatten, war endgültig gebrochen.

Aber noch gab es die Seeräuber um die Hauptleute Godeke Michels und Klaus Störtebeker. Sie verlagerten ihre Beutefahrten in die Nordsee. Hier wurden sie von den ostfriesischen Häuptlingen mit offenen Armen empfangen. Sie dienten als Hilfstruppen bei den Fehden, die sich die Häuptlinge untereinander und mit dem Herzog von Holland lieferten. Aber auch der nahm eine größere Gruppe von Seeräubern bei sich auf, als die Ostfriesen nach einer Niederlage gegen bremische und hamburgische Belagerer wieder einmal geloben mussten, mit den Seeräubern endgültig zu brechen.
Unter den mehr als hundert Vitalienbrüdern, die bei Herzog Albrecht von Holland im Jahr 1400 Unterschlupf gefunden hatten, befand sich wahrscheinlich auch Störtebeker. Im selben Sommer bezog die Gruppe, ausgestattet mit holländischen Kaperbriefen, Quartier auf Helgoland, um vor allem hamburgische Koggen zu erbeuten. Die Ratsherren aus Hamburg stellten aber kurzfristig eine Flotte auf, die die Seeräuber besiegte. Dabei wurde vermutlich auch Klaus Störtebeker gefangen genommen und hingerichtet. Nach einem weiteren Sieg über Godeke Michels und seine Mannschaft im Jahr darauf waren die beiden später berühmt gewordenen Hauptleute der Vitalienbrüder tot. Reste von Vitalienbrüdern und anderen Seeräubern machten die Nordsee aber noch Jahrzehnte lang unsicher.

Störtebekers Ankunft im Hafen

Klaus watet durch den Morast. Der zähe Schlamm klebt an seinen Schuhen. Der schmächtige blonde Junge kommt nur mühsam vorwärts. Auch sein Vater, der vor ihm her stapft, flucht leise vor sich hin. Es fängt wieder an zu regnen, und die Straße zum Hafen verwandelt sich allmählich in einen richtigen Matsch-Weg. Nur gut, dass Klaus auf seine Mutter gehört und die Überschuhe aus Holz angezogen hat. Den dicken Modder würde er von seinen Lederschuhen kaum mehr abbekommen.

Den Schweinen, die überall vor den Häusern herumlaufen, macht der Unrat nichts aus. Sie wühlen mit ihren Schnauzen tief im Dreck und suchen nach etwas Fressbarem. Die Leute haben Essensreste und schmutziges Waschwasser aus den Fenstern ihrer Wohnungen gekippt oder einfach den Inhalt ihrer Nachttöpfe auf die Straße geleert.
Klaus muss sich seine tränenden Augen wischen, so stark brennen die Rauchschwaden aus den Schornsteinen. Den Gestank bemerkt er nicht. Seine Nase ist die Mischung gewöhnt aus Küchenabfällen, Abwässern von den Wohnhäusern und aus den Gerbereien, wo das Leder hergestellt wird.
Einen Augenblick schaut der Junge sehnsüchtig an den Häusern empor. Da wird es jetzt schön trocken und warm sein. Vielleicht hätte er doch lieber zu Hause am Ofen bei seiner Mutter und seinen Geschwistern bleiben sollen.
Nein, auf keinen Fall! Klaus schüttelt energisch den Kopf. Vater hat gesagt, dass heute die Piratenschiffe kommen sollen. Und Nachbar Hinnerk hat vorhin ganz aufgeregt gerufen, dass er schon Mastspitzen am Ende der Bucht gesehen hat. Hoffentlich hat er sich das nicht ausgedacht. Dann wäre der lange Weg zum Hafen durch Regen und Dreck umsonst gewesen. Aber Hinnerk hat ein Fernrohr. Und damit kann er Schiffe auf dem Meer entdecken, lange bevor Klaus mit seinen scharfen Augen auch nur einen Fleck am Horizont sieht.
Hinnerk, der alte Kapitän, hat das Fernrohr von einer seiner weiten Reisen mitgebracht. Er hat schon viele Länder gesehen. Wenn Klaus nicht gerade seinem Vater beim Fischen helfen muss oder seiner Mutter im Haus, dann geht er zum Nachbarn und lässt sich von fremden Orten und aufregenden Abenteuern erzählen.
Alle nennen Nachbar Hinnerk Käpt'n Ant. Von der langen Zeit auf See hat er immer noch seinen wiegenden Gang, und das sieht ein bisschen so aus, als würde eine Ente watscheln. Und wenn einer von „blauen Enten" erzählt, dann flunkert er einem was vor. Vielleicht hat Hinnerk aus beiden Gründen diesen Spitznamen bekommen.

Von allen Seiten drängen Menschen zum Hafen hin, zwei Ochsenkarren versuchen, auf der schmalen Straße aneinander vorbeizukommen. Die fluchenden Fuhrleute jagen die Fußgänger zur Seite und entfernen sich mit ihren Karren. Schon hat die dichte Menschenmenge Klaus und seinen Vater wieder in die Straßenmitte geschoben. Dort können die beiden auf einer dicken Holzbohle balancieren. Sie ist über die Abflussrinne, eine einfache Vertiefung in der Straße, gelegt worden.
Neulich hat Käpt'n Ant Klaus von Lübeck erzählt, der reichen Hafenstadt im Westen. Dort sollen sie in die Hauptstraßen viele große Kiesel gelegt haben. Pflaster hat der alte Nachbar dazu gesagt. Und dann hat er behauptet, dass niemand mehr dreckige Schuhe auf diesen Straßen bekommt, wenn es regnet.
Aber Lübeck ist weit weg. Wer weiß, ob Klaus jemals dort hinkommen wird und nachprüfen kann, ob Hinnerk sich das nur ausgedacht hat. Jetzt würde er bei den Bürgern von Lübeck sowieso nicht willkommen sein, wo seine Heimatstadt den Hafen für die Seeräuber öffnet. Denn die Seeräuber sind ja die größten Feinde der Kaufleute.
Klaus versteht nicht ganz, warum sich die Städte an der Ostsee streiten. Sie gehören doch alle zur Hanse, dem mächtigsten Städtebund auf der ganzen Welt.
Sein Vater hat auch furchtbar geschimpft auf die Seeräuber: „Die kommen hierher

auf den Markt und verkaufen ihre Beute so billig, dass kein anständiger Kaufmann mithalten kann", hat er Klaus erklärt. Und auch kein Fischer, wenn die Beute aus Heringen besteht, denkt Klaus.
Aber das ganze Gerede kümmert ihn jetzt nicht. Er riecht förmlich, dass sie gleich beim Hafen angelangt sein werden. Ein Duft nach frischem Holz, nach Teer, nach Fisch und nach Salzwasser liegt in der Luft. Er fasst nach der Hand seines Vaters und zieht ihn ungeduldig vorwärts. Bei den ersten will er sein, die die berühmten Seeräuberschiffe und ihre Mannschaften sehen.

Noch eine Biegung, und der Hafen liegt vor ihnen. Draußen, in der Bucht, sieht man Bug an Bug fünf bauchige Koggen ankern, und zwischen diesen Handelsschiffen und der Hafenmauer kreuzen viele kleinere Boote, die die Ladung an Land bringen.
Getreide aus Frankreich, Bier aus Köln, feines Tuch aus England, vielleicht auch Honig und Pelze aus Russland werden

dabei sein. Auf jeden Fall aber Hering aus Schonen, verpackt in Heringsfässern.
Da sieht Klaus auch schon, dass vier kräftige Männer Holzfässer aus einer Schute, einem breiten Lastkahn, laden und in das nächste Lagerhaus rollen. Etwas weiter entfernt ist der Kran zu erkennen, der ganze Stolz des Hafenmeisters. Am Haken baumeln gerade mehrere Ballen Tuch.
Die Heringsfässer, die Tuchballen und die anderen Güter werden zuerst von den Zolleintreibern des Herzogs kontrolliert und gewogen. Und wenn der Kaufmann seinen Zoll bezahlt hat – Geld oder einen Teil der Ware –, dann darf er die Waren auf dem Markt verkaufen. Natürlich wird er nicht alles los auf dem hiesigen Markt. Was übrig bleibt, schickt er mit Planwagen auf die Reise ins Landesinnere.

Klaus trifft Margarete

Plötzlich hört Klaus aufgeregte Schreie, und einige Männer zeigen zum Ende der Bucht. Jetzt hat er die Masten auch entdeckt. Er zerrt seinen Vater am Ärmel und ruft: „Die Seeräuber! Die Seeräuber! Da hinten kommen sie."
Drei Koggen sind es, die sich in rascher Fahrt nähern. Nach zwei schnellen Wendemanövern liegen sie mit dem Bug Richtung See, die Segel werden eingeholt, und Klaus kann deutlich erkennen, wie einige Männer die Bug- und die Heckanker ins Wasser lassen. Jetzt liegen die Schiffe sicher in der Bucht und können von der nächsten Flut nicht abgetrieben werden.

Von der vordersten Kogge wird ein Beiboot zu Wasser gelassen. Über die Strickleiter klettern ein paar Gestalten nach unten, zwei nehmen die Ruder und steuern das Boot mit kräftigen Schlägen zur Hafenmauer hin.

Gespannt warten Klaus und sein Vater mit den anderen Menschen auf die Seeräuber. Denn dass es Freibeuter sind, das kann man an den Totenkopf-Flaggen sehen, die jetzt nass und schlaff von den Masten hängen.
Ein schwarzhaariges Mädchen, das direkt neben ihm mit ihrer Mutter und zwei kleineren Brüdern steht, stößt Klaus in die Seite: „Kannst du lesen? Auf dem vorderen Schiff steht 'Seetiger', das ist das Schiff von Klaus Störtebeker."
Klaus staunt, und dann gibt er dem Mädchen die Hand: „Ich heiße auch Klaus, wie der große Seeräuber!" „Und ich Margarete, wie die berühmte Königin von Dänemark", lacht das Mädchen.
Aber jetzt müssen sie erst einmal schauen, was sich in der Zwischenzeit getan hat. Sie schieben sich zwischen den vielen Menschen durch, bis sie ganz vorn stehen. Sie sind gerade rechtzeitig gekommen. Das Boot legt an, und Margarete und Klaus können sich die Gestalten genauer betrachten.
Der da vorne aufrecht im Boot steht und mit einem großen Satz an Land springt, das ist bestimmt der berühmte Seeräuber. Er läuft mit seinen beiden Begleitern an den gaffenden Menschen vorbei, Richtung Marktplatz.
„Jetzt geht er ins Rathaus und lässt sich von den Ratsherren seinen Kaperbrief aushändigen", brummt Klaus' Vater. „Was soll nur daraus werden, wenn wir diesem Gesindel Unterschlupf bieten?" Margaretes Mutter ist sich mit dem Fischer einig.

Der blonde Junge und das schwarzhaarige Mädchen schauen sich kurz an. Dann fassen sie sich an den Händen und rennen gemeinsam los. Sie müssen unbedingt erleben, wie der Seeräuber und seine Begleiter von den Ratsherren empfangen werden.

Die Hanse beherrscht den Seehandel

Das Mittelalter gilt gemeinhin als Zeitalter des technischen Stillstands. Die Lebensbedingungen der Bevölkerung waren teilsweise schlechter als 1000 Jahre früher in den römischen Metropolen. Aber für die Seefahrt sind das 13. – 16. Jahrhundert von großer Bedeutung: Viele wichtige Erfindungen in Schiffbau, Navigation und Ausrüstung stammen aus dieser Zeit. In den Jahrhunderten danach – bis zum Aufkommen der Dampfschifffahrt – wurden diese im Mittelalter eingeführten Neuerungen lediglich weiter ausgestaltet und verbessert.
Auch die Entstehung der Hanse und ihre Position als beherrschende Seehandelsmacht für mehr als 250 Jahre ist untrennbar mit einer Neuentwicklung verbunden: der Entwicklung der Kogge.

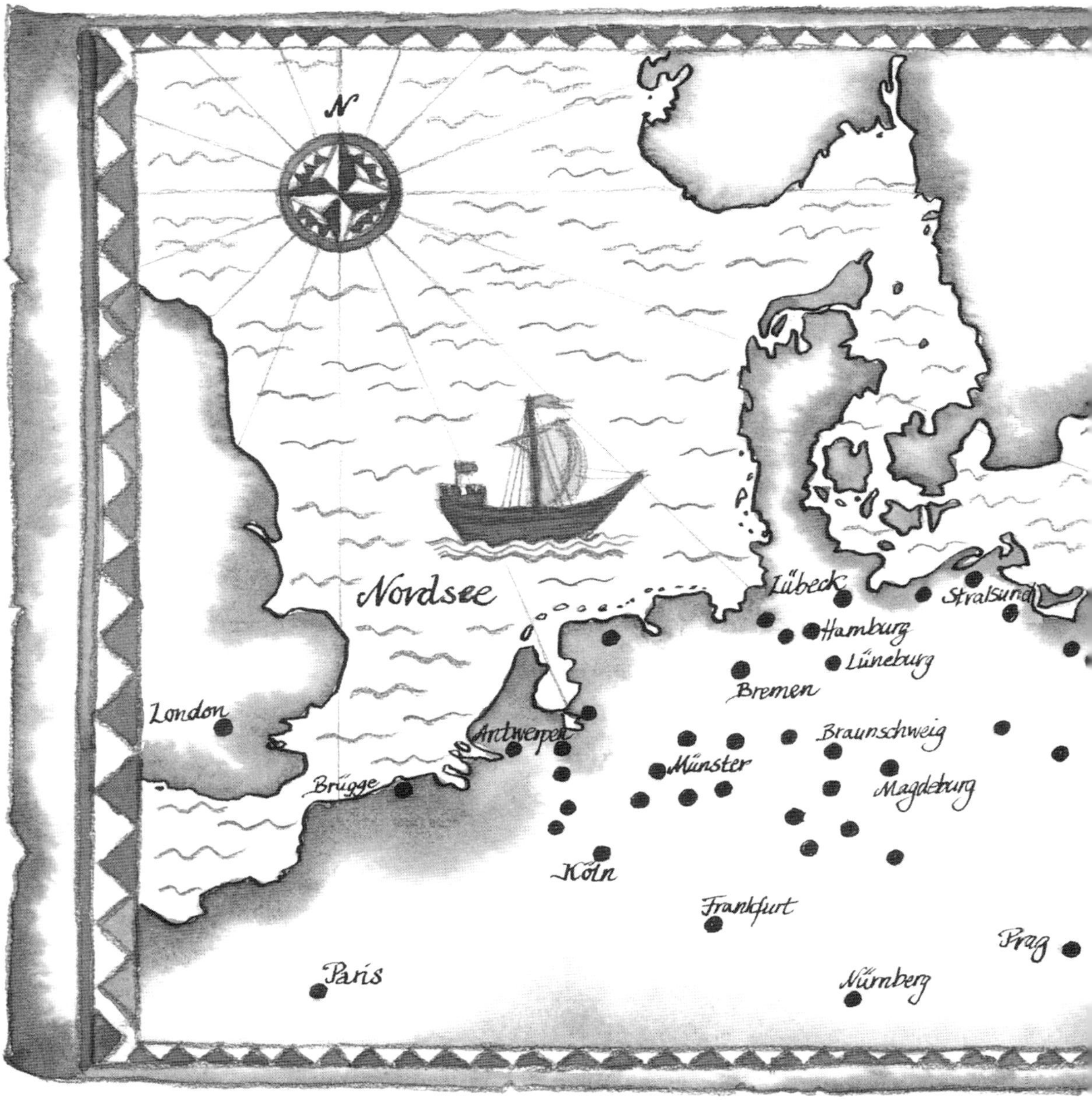

Um 1200 war norddeutschen Schiffbauern die entscheidende Erfindung gelungen. Mit dem frei beweglichen Heckruder konnten die Koggen vor dem Wind kreuzen. Damit verbesserte sich die Manövrierfähigkeit der Schiffe erheblich. Das verschaffte den Hansekaufleuten einen entscheidenden Vorteil gegenüber der italienischen Konkurrenz, die ihre Schiffe mit je einem Steuerruder auf jeder Seite lenkten.

Die Koggen hatten steil angesetzte Bordwände und einen geraden, flachen Boden, so dass sie viel Ladung aufnehmen, aber auch bei Ebbe im Wattenmeer ohne zusätzliche Hafenanlage entladen werden konnten.

Bis in die 60er Jahre unseres Jahrhunderts kannten wir die Kogge nur aus Abbildungen, vor allem von Stadtsiegeln. Am 8. Oktober 1962 wurde bei Baggerarbeiten im Bremer Hafen eine sehr gut erhaltene Kogge im Schlick gefunden, die offensichtlich kurz nach dem Stapellauf gesunken war. Sie ist inzwischen restauriert und konserviert und kann

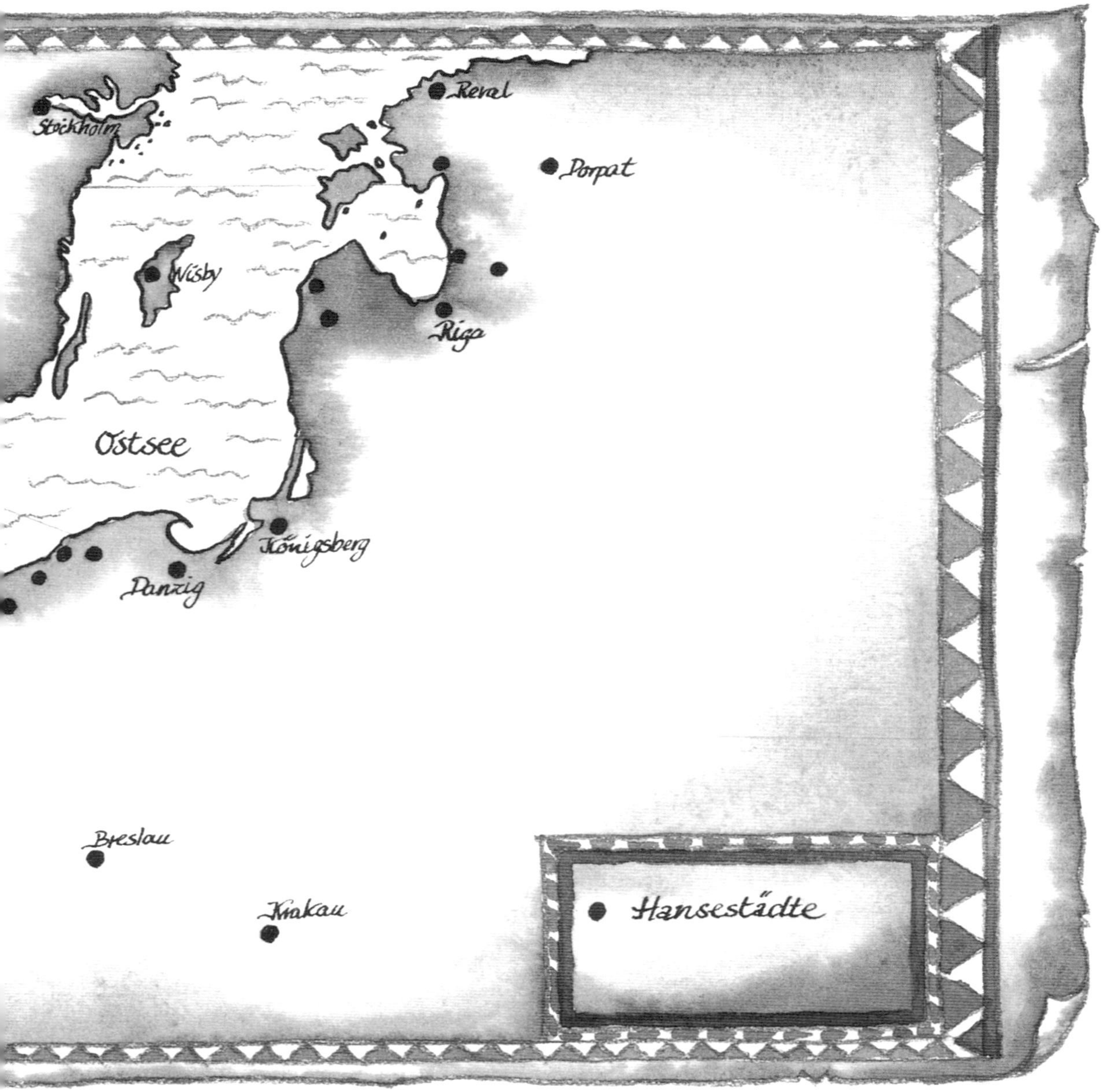

in einem eigens errichteten Haus im Deutschen Schifffahrtsmuseum Bremerhaven besichtigt werden (s. Abbildung der Bremer Kogge auf S. 26/27 und Adresse des Schifffahrtsmuseums auf S. 125).

Die Koggen fassten in ihrer Anfangszeit 100 bis 150 Tonnen und hatten vermutlich 20 Mann Besatzung, die durch Soldaten zum Schutz gegen Kaper- und Seeräuberschiffe verstärkt werden konnten.

Die Hansestädte hatten mit diesen, für die damalige Zeit hochentwickelten und seetüchtigen Schiffen einen so großen technologischen Vorsprung gegenüber der Konkurrenz, dass sie bald die Führung im schwimmenden Fernhandel übernahmen. Zunächst beherrschten sie die Ostsee, dann die Nordsee. Schließlich dehnten sie ihre Handelsbeziehungen über den Atlantik nach Süden aus, wo sie mit den Italienern, vor allem der damals reichsten Stadt der europäischen Welt, Venedig, in Konkurrenz traten.

Das Wort „Hanse“ kommt aus dem Germanischen und bedeutete dort „Kriegsschar“ oder „Gefolge“.
Die Genossenschaft der Kaufleute aus verschiedenen Handelsmetropolen war allerdings nicht fest organisiert – jedenfalls nicht so, wie wir das von anderen mächtigen Reichen kennen. Der Hansebund besaß keine gemeinsame Flagge, kein gemeinsames Siegel, keinen gemeinsamen Rat, er hatte kein Heer, keine Kriegskasse, keine eigene Flotte, nicht einmal eine gemeinsame Währung. Trotzdem reichte das Einflussgebiet der Hanse zu ihrer Blütezeit von der Ost- und Nordseeküste über zahlreiche freie Reichsstädte im Binnenland bis nach England und Flandern, und der Bund hatte sogar Niederlassungen in Portugal oder Norwegen gegründet.
Eine führende Rolle im Hansebund übernahm von Anfang an Lübeck. Das „lübesche Recht“ wurde von vielen neugegründeten Städten übernommen, viele Beschlüsse der Hanse sind mit dem Siegel von Lübeck versehen, die sogenannten Hansefarben rot und weiß sind wahrscheinlich aus einer Kombination des roten Flügers von Hamburg und des weißen Flügers von Lübeck entstanden. (Flüger sind Wimpel, die ursprünglich zur Erkennung der Windrichtung gehisst wurden.) Aber auch die Lübecker Ratsherren übten nur so weit Einfluss aus, wie ihr diplomatisches Geschick und die Überzeugungskraft ihrer wirtschaftlichen Macht reichten.
Auf den unregelmäßig einberufenen Hansetagen konnten nur dann wirksame Beschlüsse gefasst werden, wenn die wichtigsten Städte Vertreter geschickt hatten und diese sich auch einig wurden. Diese Beschlüsse wurden in der Regel auch nur von Mitgliedern umgesetzt, deren Vertreter zugestimmt hatten. Gegner reisten einfach vorher ab, verweigerten ihre Unterschrift unter das Protokoll oder kamen erst gar nicht zu einem Hansetag, wenn ihnen die angekündigte Tagesordnung nicht passte. Auch nach dem Hansetag konnte eine Stadt noch aus der gemeinsam beschlossenen Linie ausscheren, weil beispielsweise die Ratsherren die Zustimmung ihres Vertreters auf dem Hansetag nicht billigten.
Über die Jahrhunderte hinweg war eine Grundlage der Hanse Gleichberechtigung und Selbstbestimmung jedes einzelnen Mitglieds, auch wenn das zeitweise gegen gemeinsame Interessen verstieß. Diese Verfassung war für Außenstehende oft schwer zu verstehen, die Hanse gab in der Öffentlichkeit ein uneinheitliches Bild ab. Was für Gegner wie den König von England wie eine Schwäche aussah, machte aber gerade die Stabilität des Städtebundes aus.

Der Einfluss der hanseschen Kaufleute war bald so stark, dass die Länder an der Ost- und Nordseeküste ihnen weitgehende Privilegien einräumen mussten, um weiter gute Geschäfte machen zu können.
In den wichtigsten Städten eröffnete die Hanse Handelskontore, über die alle Handelsgeschäfte abgewickelt wurden. Sie stellten einen kleinen Staat im Staat mit eigener Führungsstruktur und Gerichtsbarkeit dar und waren – vergleichbar vielleicht den heutigen Botschaftsgebäuden – exterritoriales Gebiet, das heißt: Hier hatte nicht einmal der jeweilige Landesherr etwas zu sagen.
Natürlich wurden diese weitgehenden Vorrechte immer wieder in Frage gestellt. Wie die Hanse mit solchen Auseinandersetzungen umging, mag als typisches Beispiel der Konflikt mit dem englischen König Edward IV. zeigen.

Der Handel mit England war zunächst wegen der Wolle, später wegen der dort entstandenen Tuchindustrie besonders wichtig für die Hanse geworden. Entsprechend großartig gestaltete sich auch das Hansekontor in London. Diesen „Stalhof" hatte die Hanse bereits Ende des 13. Jahrhunderts eröffnet. Gut 150 Jahre später hatten die Kaperungen englischer Schiffe wieder einmal das übliche Maß überschritten. Wurden die Engländer tatsächlich von Schiffen aus Danzig, Stralsund oder Wismar angegriffen, oder handelte es sich um „gewöhnliche" Seeräuber? Das ließ sich schon damals, um das Jahr 1469, kaum entscheiden. Jedenfalls war es für die Engländer sicher leichter, die Überfälle „der" Hanse in die Schuhe zu schieben als sich mit den Feinheiten der unterschiedlichen Interessen und Machtkonstellationen zu beschäftigen und einzelne Städte im fernen Deutschland zur Rechenschaft zu ziehen.
So wurde der „Stalhof" im Jahr 1470 zerstört, die englische Krone nahm hansesche Kaufleute gefangen und beschlagnahmte ihre Waren.
Zunächst versuchte die Hanse, mit dem englischen König auf dem Verhandlungsweg zu einer Einigung zu kommen. Edward allerdings schienen die Kaufleute, die keinen Herrscher, ja nicht einmal ein Heer hatten, keine ernst zu nehmenden Gegner zu sein. Noch dazu ein wichtiges Mitglied der Hanse, die reiche Stadt Köln, einen Sonderweg zu gehen versuchte und weiter Geschäfte mit England machte.
Ein Wahlspruch der Hansekaufleute war: „Leicht ist das Fähnlein aufgezogen, aber nur schwer in Ehren wieder eingeholt." Das bedeutet: Ein Krieg ist schnell begonnen, aber er ist teuer und sein Ausgang unsicher.
Die Hanse führte zu keiner Zeit einen Krieg, um andere Länder zu besetzen oder politische Herrschaft zu übernehmen. Immer ging es den Kaufleuten um die Erhaltung und Ausdehnung ihrer wirtschaftlichen Macht. So handelte die Hanse auch im vorliegenden Fall überraschend schnell, als die Verhandlungen zu nichts führten. Im September 1470 wurde auf einem Hansetag eine Handelsblockade und der Kaperkrieg gegen England beschlossen, 1471 das abtrünnige Köln aus der Hanse ausgeschlossen.
Als es 1474 zum Frieden von Utrecht kam, musste das englische Parlament sämtliche Handelsvorrechte der Hanse bestätigen und eine hohe Entschädigung zahlen. Köln wurde – ebenfalls nach Zahlung eines hohen Bußgeldes – 1476 wieder in die Hanse aufgenommen, England baute den „Stalhof" neu auf.

Über den Seehandel zur Großmacht

Die Hanse war mit dem Heringshandel groß geworden. Um den Fisch aus den Hauptfanggebieten transportieren und auch über längere Zeit bis ins Innere von Westeuropa schaffen zu können, mussten die Fische haltbar gemacht werden. Deshalb wurden die Heringe sofort nach dem Fang ausgenommen und in Fässern eingesalzen. Diese, seit dem 14. Jahrhundert nachgewiesene Methode ist auch heute noch üblich. Die Handelsherren verdienten bei diesem Geschäft gleich doppelt: Sie hatten nämlich den Fischern auch schon das besonders begehrte Salz aus Lüneburg geliefert.
Salz wurde im Mittelalter als „weißes Gold" bezeichnet. Es war kostbar, da es für dieses Konservierungsmittel keinen Ersatz gab. Außer zum Haltbarmachen von Fisch und Fleisch wurde Salz auch bei der Käseherstellung benötigt, beim Gerben und Färben sowie bei der Produktion von Glas- und Tonwaren.

So wurde Lüneburg schon früh Mitglied der Hanse, und die Schiffe konnten auf – heute längst versandeten – Wasserstraßen ihre begehrte Ladung nach Lübeck schaffen.
Nicht nur der eingesalzene Hering wurde in Fässern transportiert. Die Tonne war auch der gebräuchliche Transportbehälter für Wein, Öl, Bier, Butter, Pelze, ja sogar Bücher. Deshalb wird auch heute noch die Tragfähigkeit eines Schiffes in Tonnen angegeben.

Die Koggen trugen mit ihren Herings- und Getreidelieferungen wesentlich zur Versorgung der Bevölkerung in Mitteleuropa bei. Salz, Wachs für Kerzen, Holz und Pech für den Schiffsbau, Metallgeräte für den Haushalt, Tuch für Kleidung und weitere Massengüter wurden ebenso geliefert wie ausgesprochene Luxusartikel: Seltene Pelze aus den Niederlassungen in Nowgorod oder Bergen, Bernsteinschmuck von der Ostseeküste oder besonders scharf geschliffene Klingen aus Toledo. Und Wein aus Frankreich, Italien und vom Rhein. Bier wurde nicht nur für die Schiffsbesatzungen täglich als Getränk ausgeschänkt, es war auch bei der norddeutschen Bevölkerung sehr beliebt. In allen Hansestädten gab es zahlreiche Brauereien, in Hamburg Anfang des 15. Jahrhunderts zum Beispiel mehr als 500 Braustätten, die im Jahr rund 200000 Fässer zu je 2 Hektoliter auslieferten. Natürlich wurden diese Massen nicht von den Einwohnern Hamburgs allein getrunken. Norddeutsches Bier hatte einen guten Geschmack und war ein wichtiger Ausfuhrartikel. Noch heute wird in vielen Wirtschaften „Exportbier“ getrunken.

Zu allen Zeiten war die Beherrschung der Meere und des Fernhandels eine wesentliche Grundlage auf dem Weg zur Weltmacht.
Die Phönizier, hervorragende Schiffebauer und Seeleute, beherrschten fast 600 Jahre den Handel im Mittelmeer, ihre Städte waren zudem die wichtigsten Umschlägplätze für Waren aus Asien. Und die Römer hatten ihren endgültigen Aufstieg zur Weltmacht dem Sieg über die Karthager zu verdanken, Nachfahren der Phönizier und führende Handelsmacht im 4. und 3. Jahrhundert vor unserer Zeitrechnung.
Vor den norddeutschen Kaufleuten waren die Wikinger mit ihren überlegenen Drachenschiffen die erfolgreichsten Händler in der Ostsee und drangen über die mächtigen Ströme bis ins Innere des späteren Russischen Reiches vor.
Die Vorherrschaft der Hanse in Nord- und Ostsee und der Händler aus Venedig im Mittelmeer ging jäh zu Ende mit der Entdeckung Amerikas und der Erkundung neuer Seewege nach Indien.
Als 1596 das Hansekontor in London, der „Stalhof“ von Königin Elizabeth I. geschlossen wurde, hatte der Niedergang der Hanse längst begonnen. Der letzte Hansetag fand 1669 statt, die Vormachtstellung der Hansestädte war aber schon 100 Jahre vorher gebrochen.

Die Kaufleute in der Heringstonne

Der Regen hat aufgehört. Als Margarete und Klaus vor dem Rathaus angekommen sind, spiegelt sich sogar ein Stück blauer Himmel in den bleigefassten Fenstern.
Auf dem Marktplatz hat sich eine große Menschenmenge versammelt. Wie ein Lauffeuer ist es durch die Straßen der Stadt gegangen: Die Seeräuber sind wieder da. Und sie werden von unseren Ratsherren empfangen.
Neben den Einheimischen schieben sich auch alle möglichen abenteuerlichen Gestalten nach vorn, um den besten Platz zu ergattern. Einige sind ganz zerlumpt, andere haben sich regelrecht herausgeputzt, als wären sie vornehme Leute.
Anscheinend kann Margarete Gedanken lesen. Sie pufft ihren Freund in die Seite und zeigt auf den schlanken Mann mit langen, blonden Haaren, der auch Klaus aufgefallen war. Er trägt ein grün- und goldbesticktes Wams über zweifarbigen Strumpfhosen mit einem grünen und einem gelben Bein. An seiner rechten Seite hängt ein Schwert in einer Lederschlaufe.
„Das ist ein Ritter aus der Nähe von Wismar. Behauptet er jedenfalls. Er hat gestern Abend bei uns in der Schänke gesessen und mächtig angegeben. Angeblich sind seine Vorfahren so reich gewesen, dass sie nur aus goldenen Bechern getrunken haben. Vor 14 Jahren, beim ersten Krieg gegen die Dänen, ist er schon einmal auf einem Seeräuber-Schiff gefahren. Jetzt ist er arm wie eine Kirchenmaus. Weil er seine Burg verpfändet hat und bei den Seeräubern mitmachen will."

Gerade rechtzeitig haben sich Klaus und Margarete bis in die erste Reihe der Gaffer vorgedrängt. Die Rathaustür geht auf, und an der Spitze seiner Ratsherren tritt Johann Wullendorp, der Bürgermeister, heraus.
„Die Gauner werden ja empfangen wie adelige Herren", murmelt ein alter Mann hinter Klaus.

„Da werden auch manche Adelige dabei sein", grinst eine dicke Marktfrau und stemmt ihre Fäuste in die Seiten: „Das ist ja das einzige, was die gelernt haben, anständige Bauern und Handwerker bestehlen!"
„Aber der Störtebeker soll doch ein einfacher Fischersohn aus Wismar sein", fragt Klaus. Das hat er sich gemerkt: Ein Fischersohn wie er, und Klaus heißt er mit Vornamen, wie er!
„Guck lieber, was da vorn passiert", ruft Margarete. Alle schauen wieder nach oben, wo die Seeräuber auf der Rathaustreppe begrüßt werden. Johann Wullendorp hat seinen kostbaren, pelzbesetzten Mantel an. Er hält in der Hand ein Schriftstück, das er dem Anführer der Seeräuber, Klaus Störtebeker, überreicht. Bis hinunter zum Marktplatz kann man das rote Band und das große rote Siegel leuchten sehen, das die Papierrolle zusammenhält.
„Er hat den Kaperbrief bekommen. Jetzt kann es wieder losgehen gegen die dänische Königin", hört Klaus einen jungen Mann in abgetragenen Kleidern sagen.
„Weißt du, was das ist, ein Kaperbrief?" Fragend schaut Klaus seine neue Freundin an.
„Der Ritter aus Mecklenburg hat das gestern den anderen Gästen erklärt, in der Schänke von meiner Mutter. Der Fürst, unser Landesherr, erlaubt allen, die guten Willens sind und ein Schiff haben, gegen Dänemark zu ziehen. Sie können die feindlichen Schiffe überfallen und die Beute in unseren Häfen und auf den anderen Märkten im Land verkaufen. Die Hälfte müssen sie aber an den Herzog von Mecklenburg abliefern. Deshalb hat der Ritter ja seine Burg verpfändet. Er will doch auch ein Schiff ausrüsten, und das ist furchtbar teuer."
Klaus bleibt vor Staunen der Mund offen stehen. Nachdenklich kratzt er sich den Kopf. „Das wird aber ein gutes Geschäft für die Seeräuber", sagt er nach einer Weile. „Und für unseren Herzog."
Er weiß nämlich, was sein Vater für eine Ladung Fische bekommt. Und er ist schon mit seiner Mutter auf dem Markt gewesen, wenn sie Tuch eingekauft hat für neue Kleider. Da waren die vielen Kupferstücke ganz schnell in der Tasche des Tuchhändlers verschwunden.
„Stell dir vor, du kaperst ein einziges Schiff mit voller Ladung, mit Hering und Tuch. Da hast du für dein ganzes Leben ausgesorgt."
„Ja, wenn sie dich nicht totschlagen oder gefangen nehmen", entgegnet Margarete. Aber Klaus merkt, dass sie eigentlich genauso wie er an die vielen Silberstücke denkt, die man nach dem Verkauf der Beute nach Hause bringen könnte.

In ihrer Begeisterung merken sie zunächst gar nicht, dass sich die Menge zerstreut hat und die Ratsherren mit ihren neuen Verbündeten ins Rathaus gegangen sind.
Klaus schluckt. Träume sind schön und gut, aber jetzt hört er seinen Magen knurren.
„Lass uns zu meiner Mutter gehen, da kannst du bestimmt was zu essen kriegen", schlägt Margarete vor.
„Und was sagt dein Vater dazu?"
„Den gibt's schon lange nicht mehr. Der hat sich vor fünf Jahren mit einem Schiff

Richtung Russland davongemacht und ist nie wieder aufgetaucht. Aber meine Mutter hat von ihren Eltern die Schänke übernommen, da geht es uns gut."
Wieder läuft Klaus zum Hafen, dieses Mal mit seiner neuen Freundin.

Knut, die Narbe

Vor einem zweistöckigen Haus bleiben sie stehen. Es liegt direkt neben den Lagerhäusern. Über der Eingangstür hängt ein Schild. „Zum goldenen Hering", entziffert Klaus mühsam. Als sie die Tür aufstoßen, schlägt ihnen warme, verqualmte Luft entgegen. Es riecht nach Schweiß und abgestandenem Bier. Die Hafenkneipe ist voll, und Margaretes Mutter ruft quer durch die Wirtsstube: „Wo treibst du dich denn wieder rum? Los, sofort packst du mit an!"
Margarete zuckt schicksalsergeben mit den Schultern und trabt zu ihrer Mutter hinter die Theke. Dort bekommt sie sofort vier volle Becher mit Bier in die Hände gedrückt.
„Die kommen zu dem Herrn dort hinten. Er hält die anderen an seinem Tisch dauernd frei."
Neugierig geworden geht Klaus in die Richtung, aus der gerade schallendes Gelächter zu hören ist. Der Hunger ist zunächst vergessen.
Auf der Bank am hintersten Tisch, mit dem Rücken zur Wand, sitzt ein großer Kerl, offensichtlich ein Seeräuber. Er hat um seinen Kopf ein blutrotes Tuch geschlungen, die linke Gesichtshälfte ist durch eine breite Narbe entstellt. Neben ihm und auf der zweiten Bank hocken drei Einheimische, die gebannt an seinen Lippen hängen.
„Und dann haben wir die Enterhaken rübergeworfen. Ich bin gleich hinter Störtebeker auf das Schiff gesprungen. Die feigen Hunde hatten sich am Vordersteven hinter dem Anker verkrochen. Zusammengetrieben haben wir sie wie eine Hammelherde."
„Aber du hast doch gesagt, dass es eine Hanse-Kogge war. Die müsst ihr doch verschonen", wirft ein magerer, blasser Mann ein.
„Pah! Das ist uns doch egal. Ob Dänen oder Lübecker. Das sind alles Pfeffersäcke, und die haben gut geladen."
Wieder lacht der Pirat dröhnend und entblößt dabei eine Reihe Zahnstummel.
„Was sollten wir mit den Feiglingen machen? In unserer Mannschaft konnten wir keinen gebrauchen. Ganz vorn im Laderaum haben wir dreißig leere Heringsfässer gefunden. Da haben wir sie reingesteckt und nur für den Kopf ein kreisrundes Loch ausgesägt. Dann sind sie aufeinadergestapelt worden, alle dreißig Stück. So hat es dieses Mal nicht nur gute Ladung gegeben. Wir haben für den Kaufherren und seine Leute auch noch ein fettes Lösegeld kassiert. Und unser Hauptmann hat alles gerecht mit der ganzen Mannschaft geteilt."
„Wer ist denn euer Hauptmann?" Klaus läuft vor Verlegenheit rot an, weil er mit der Frage herausgeplatzt ist.
„Nun seht euch diesen vorlauten Burschen an. Klaus Störtebeker natürlich. Der kann trinken, sag ich euch. Und kämpfen. Und im dicksten Nebel findet er immer noch zurück in den richtigen Hafen. So wahr ich Knut, die Narbe heiße!"

Klaus' leerer Magen meldet sich wieder. Hier wird er wohl doch nichts bekommen. Dafür sind alle viel zu beschäftigt. Er verabredet sich noch schnell für morgen nachmittag mit Margarete, dann rennt er nach Hause. Inzwischen ist es schon dämmerig geworden. Klaus schickt ein Stoßgebet zum Himmel, dass seine Mutter nicht merkt, wie lange er weggeblieben ist.

So sah die Kogge aus

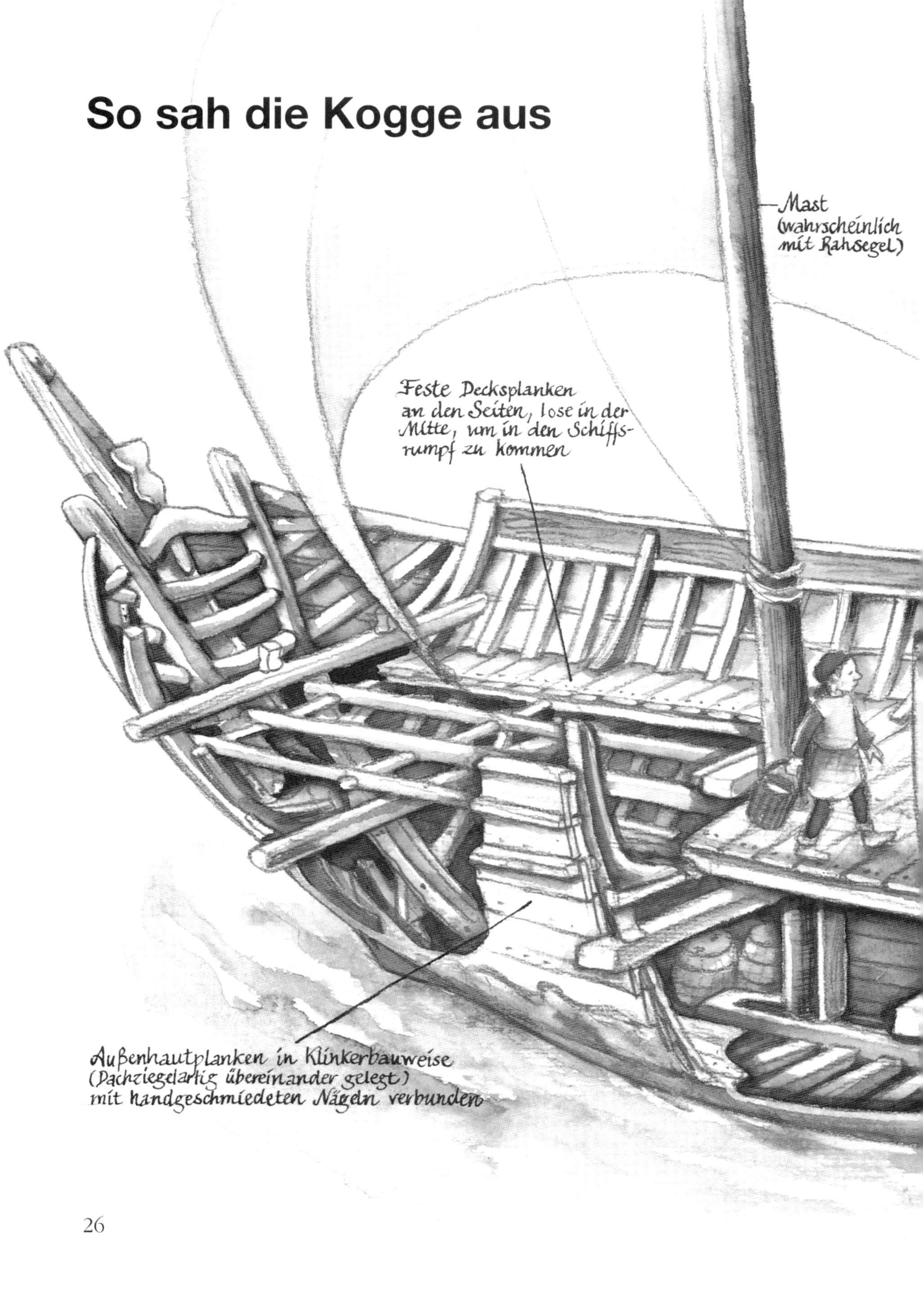

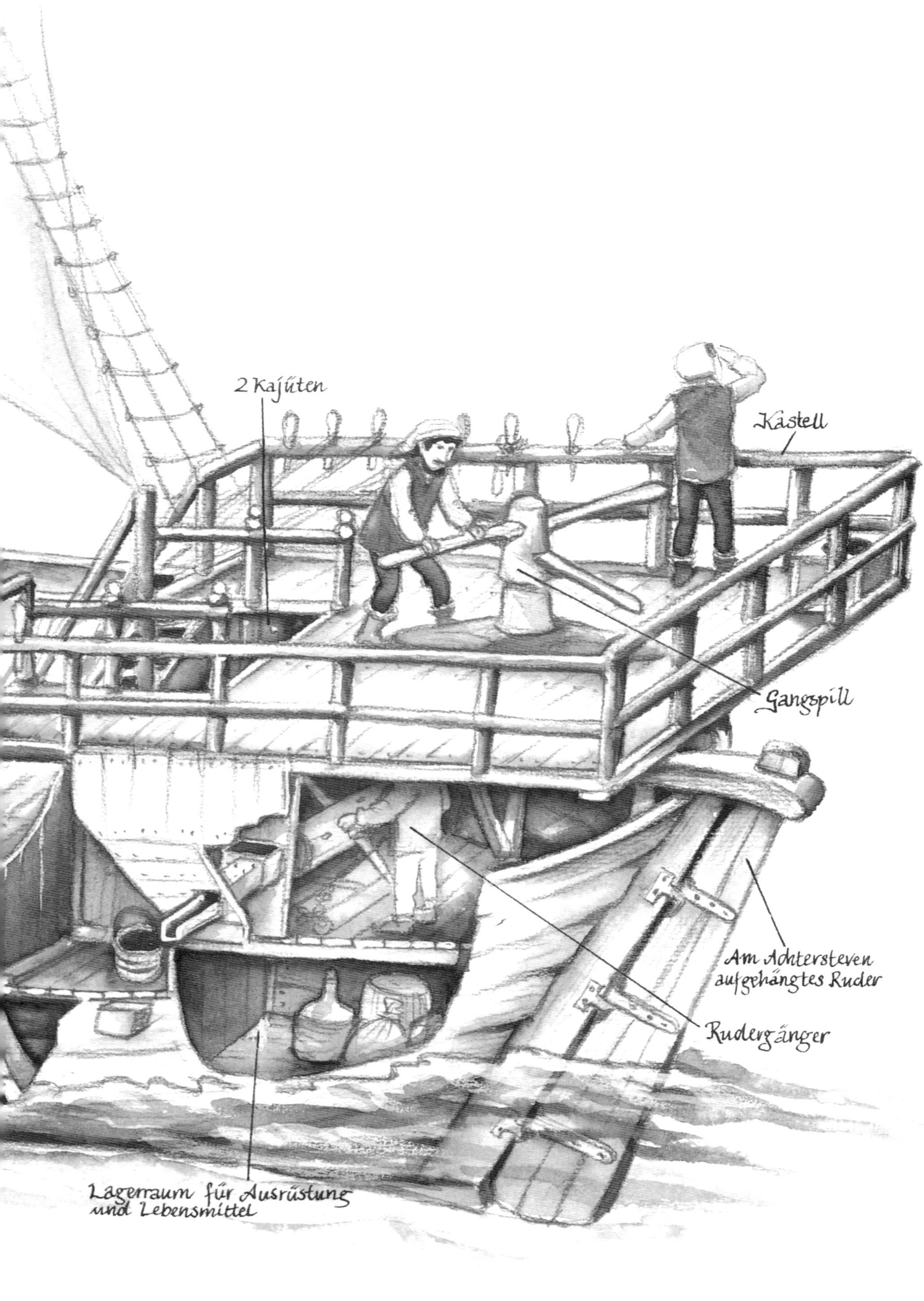
2 Kajüten
Kastell
Gangspill
Am Achtersteven
aufgehängtes Ruder
Rudergänger
Lagerraum für Ausrüstung
und Lebensmittel

Plankenlauf, Entern und lebende Flaschenpost

Piraten- und Seefahrerspiele finden an und im Wasser statt: Das kann ein Kiesteich in der Nähe sein; ein breiter Bach oder ein klarer Fluss ohne Schiffsverkehr; vielleicht ein Schwimmbad, vorausgesetzt, dass dort ein verständnisvoller Bademeister die Aufsicht hat; und natürlich das Meer. Die meisten Spiele lassen sich mit ein bisschen Fantasie auch für Landratten abwandeln. Als Anregung sind einige „trockene" Varianten aufgeführt.

Wasser ist ein tolles Spielgelände. Nicht umsonst sagen wir, dass wir uns wohl fühlen „wie ein Fisch im Wasser". Aber es ist auch nicht ungefährlich im nassen Element.

Voraussetzungen im nassen Element

Ob es sich nun um ein Schwimmbad, um fließendes Wasser, einen See oder Meer handelt: Die folgenden Punkte müssen unbedingt beachtet bzw. vorher geklärt werden:

- Bei einem Ausflug in ein Schwimmbad mit Nichtschwimmerbecken prüfen, wie gut die Piraten schwimmen können.
- Das Wasser sollte möglichst klar und sauber sein (Flüsse und Buchten werden oft als Müllkippe mißbraucht).
- Der Untergrund muss möglichst fest sein (kein Schlick, kein Morast).

- Flüsse dürfen keine zu starke Strömung haben.
- Im Schwimmbad mit dem Bademeister absprechen, wann die Gruppe möglichst ungestört spielen kann.
- Am Meer sollte wenig Brandung sein.
- Felsen und plötzlich abfallende Sandbänke unbedingt vermeiden (unkalkulierbare Strömung).
- Stellen ohne Algen, Quallen und Seeigel suchen.
- Bei jüngeren Kindern und Nichtschwimmern: Die Wassertiefe sollte allmählich abfallen, das Gelände mit einer Korkleine bis zu der Stelle markiert werden, wo der Kleinste noch bequem stehen kann, und das Wasser höchstens bis zur Brust reicht.
- Wer im Wasser toben möchte sollte: nicht mit vollem Magen baden, nicht erhitzt ins Wasser springen, längere Strecken nicht allein schwimmen, Wasserfahrzeuge meiden, sich nach dem Bad gut abtrocknen.

Schauen Sie sich die zwölf Regeln der Wasserwacht mit den Kindern gemeinsam an, wie sie von unserer Zeichnerin ins Bild gesetzt worden sind. Und sprechen Sie auch die anderen hier aufgeführten Punkte gemeinsam durch.

Falls ein bestimmtes Gelände für ein Spiel notwendig ist, wird das eigens erwähnt.

Landgang ohne Boot

Wenn eine fremde Insel gesichtet wurde, segelte das Schiff in eine windstille Bucht und ging dort vor Anker. Oft schwammen oder wateten die Mitglieder der Besatzung an Land. Zunächst mußte erkundet werden, ob es keine feindlichen Ureinwohner gab. Dann konnte man in Ruhe nach Proviant suchen – frischen Früchten zum Beispiel oder eßbaren Tieren. Besonders wichtig war es aber, die Süßwasser-Vorräte wieder aufzufüllen. Die Fässer für das Wasser wurden ins Beiboot geschafft, die Flinten mit den Pulversäckchen ebenfalls, damit das Pulver nicht nass werden konnte, oft auch der Kapitän, der in trockener Kleidung das neue Land betreten wollte und vielleicht auch Papier, Tinte und Gänsekiel mitnahm, um eine erste Skizze der neu entdeckten Gegend zu zeichnen.

Material: Kapitänskleider für zwei Mitspieler, 2 Gürtel, vier Stoffsäckchen, Sand, Bindfaden
Alter: ab 7 Jahren, die „Kapitäne" können jünger sein
Gelände: Flache Wasserstelle mit nicht zu weit voneinander entfernten Ufern

Der Kapitän jeder Gruppe will auch ohne Boot mit seinen Pulversäckchen trocken von einem Ufer zum anderen kommen. Es sollten mindestens zwölf Kinder in jeder Gruppe mitmachen, damit der Brückenbau nicht zu anstrengend wird.
Alle Spieler außer den Kapitänen stehen sich in brusttiefem Wasser paarweise gegenüber (Wasserhöhe nach dem kleinsten Spieler wählen!). Am Ufer liegen zwei Sandhäufchen, jeweils zwei Stoffbeutel und Kleiderhaufen (Hose, Hemd, Jacke, Dreispitz, Gürtel). Die Kapitäne ziehen ihre Kleider so schnell wie möglich an, schaufeln mit den bloßen Händen das „Pulver" in die Säckchen, binden sie zu und ziehen sie durch ihre Gürtel. Die Spieler im Wasser haben sich gegenseitig an den Handgelenken gefaßt und dadurch eine Brücke gebildet. Nun robben die Kapitäne über diese Brücke, ohne das Wasser zu berühren. Damit es schneller geht, versuchen sie, ihr Gewicht gleichmäßig auf möglichst viele Arme zu vertei-

len. Jedes Paar, das der Kapitän hinter sich gelassen hat, watet nach vorn und bildet ein neues Brückenelement.
Gewonnen hat die Gruppe, deren Kapitän trockene Kleider und trockenes Pulver vorweisen kann. Falls beides trocken ist, ist Sieger, wer als erster das Ufer erreicht hat. Und wenn beide Kapitäne nass geworden sind, entscheidet die Zahl der trockenen Kleidungsstücke.

Variante:
Im Schwimmbad: werden statt Sand Tonkugeln in die Säckchen gepackt, die Kleiderfrage muss mit dem Bademeister geklärt werden.
Am Meer oder an einem See: reicht die Strecke bis zu einer vereinbarten Stelle. Die Brücke muss dann wieder rückwärts aufgebaut werden, der Kapitän robbt in umgekehrter Richtung zurück.
Auf dem Trockenen: werden Start und Ziel – die „Ufer" – vorher festgelegt und markiert. Der Kapitän springt auf die Brücke und robbt wie üblich vorwärts. Ein Schiedsrichter achtet darauf, dass der Boden nicht berührt wird und kein Sand auf den Boden rinnt.

Beute jagen

Das gegnerische Schiff ist untergegangen, bevor die Piraten alle Beutestücke sichern konnten. Jetzt müssen einige umhertreibende Teile noch gerettet werden.

Material: 2 Tischtennis- oder 2 Wasserbälle, je nach Gelände eine schwimmfähige Leine zum Abteilen der Spielfläche
Alter: ab 4 Jahre

Die Spieler waten oder schwimmen im Wasser und treiben die Bälle durch kräftiges Pusten, durch die beim Schwimmen entstehende Bugwelle oder durch kräftige

Hand- und Armbewegungen bis zu einem vereinbarten Ziel (Beckenrand, Leine zum Schwimmerbereich, Baumstamm). Die Bälle können gleichzeitig oder nacheinander geborgen werden.

Plankenlauf

Material: so viele Luftmatratzen, dass sie von Ufer zu Ufer reichen, Seil
Alter: ab 5 Jahren, 2 ältere Spieler als „Brückenpfeiler"
Gelände: Schwimmbecken / Nichtschwimmerbereich oder brusttiefes Gewässer mit Begrenzung dürfen nicht zu nah beieinander liegen!

Luftmatratzen werden aneinandergebunden und von Ufer zu Ufer bzw. von Schwimmbeckenrand zu Schwimmbeckenrand gelegt. Zwei ältere Spieler dienen als bewegliche Brückenpfeiler und halten die Matratzen fest. Wer gelangt am schnellsten von einem Ufer zum anderen? Hier haben kleinere (und leichtfüßigere) Kinder einen Vorteil.
Achtung! Der Becken- oder Uferrand darf nicht zu nah bei der Luftmatratzen-Brücke liegen, damit sich beim Ausrutschen niemand verletzen kann.

Variante: Bei einem freien Gewässer kann man den Lauf auch auf echten Holzplanken versuchen.

Feuer für die Lunte

Feuer auf einem Segelschiff ist natürlich besonders gefährlich. Es wurde aber nicht nur zum Kochen, sondern auch beim Gefecht gebraucht. Wenn der Kanonier bei schwerer See Feuer an die Lunte legen sollte, um die Kanone abzufeuern, war das gar nicht so einfach.

Material: 2 Kerzen, 2 Schachteln Streichhölzer
Alter: Schwimmer ab 7 Jahren, Nichtschwimmer ab 5 Jahren in zwei gleichgroßen Gruppen

Die Spieler der beiden Gruppen stehen hintereinander an der Startlinie / am Beckenrand. Die Starter nehmen die Kerze und die Schachtel Streichhölzer und versuchen schwimmwnd oder watend (Nichtschwimmer) so schnell wie möglich die vorgezeichnete Strecke zurückzulegen. Am Start übergeben sie Kerze und Streichholzschachtel an den nächsten Spieler. Ist der letzte Spieler aus der Gruppe an die Ausgangspostion zureückgekehrt, wird gemeinsam versucht, die Kerze anzuzünden. Gewonnen hat die Gruppe, deren Kerze zuerst brennt.

Wasserstaffel in fünf Durchgängen

Material: Tischtennisbälle, je 1 T-Shirt pro Gruppe
Alter: ab 5 Jahren, Spielleiter
Gelände: brusttiefes Gewässer mit Begrenzung oder Nichtschwimmerbecken

Die Spieler stellen sich hintereinander am Ufer/Beckenrand auf
1. Durchgang: Der Starter schwimmt oder watet bis zur markierten Stelle, wo der Spielleiter ihm einen Tischtennisball gibt, den er durch Blasen zur Gruppe treiben muß.
2. Durchgang: Der nächste Spieler geht mit einem Partner ins Wasser. Er legt sich auf den Rücken, wird von dem anderen unter den Armen gefaßt, bis zur Markierung und wieder zurück gezogen.
3. Durchgang: Der vierte Spieler nimmt den fünften Huckepack und läuft mit ihm hin und zurück.
4. Durchgang: Der fünfte und der sechste fassen sich an den Händen und legen so die Strecke zurück.
5. Durchgang: Alle Spieler müssen nacheinander mit einem T-Shirt durchs Wasser zur Markierung und wieder zurück schwimmen oder waten. Beim Wechseln des nassen Hemdes können die Mitspieler helfen.

Süßwassertransport

Material: 1 Eimer pro Mannsschaft, so viele kleine Gefäße (z. B. leere Joghurtbecher) wie Spieler
Alter: ab 6 Jahren
Gelände: brusttiefes Gewässer mit Begrenzung oder Nichtschwimmerbecken

Jeweils die Hälfte der Mannschaft stellt sich an den gegenüberliegenden Ufern bzw. Beckenrändern auf. Der erste Spieler jeder Mannschaft trägt den mit (Süß-)Wasser gefüllten Eimer auf die gegenüberliegende Seite. Dort wird das erste kleine Gefäß gefüllt. Der Spieler kehrt zur Startgruppe zurück, wo der nächste Spieler den Eimer übernimmt und das nächste Gefäß füllt. Die Mannschaft, die zuerst alle Gefäße gefüllt hat, ist Sieger.

Lebende Flaschenpost

Die Schiffbrüchigen sind auf einer Insel gelandet und haben viele Flaschen, aber nur winzige Papierfetzen. So schicken sie mehrere Flaschen los, in der Hoffnung, dass die Finder ihre Botschaft richtig zusammensetzen und verstehen können.

Material: so viele Flaschen mit Korken wie vorbereitete Zettel, 2 Trillerpfeifen; evtl. Korkenzieher
Alter: ab 8 Jahren, 2 Spielleiter

Für Mannschaft A werden mindestens fünf Zettel mit jeweils einem Wort beschrieben, die zusammen einen Satz ergeben. (Zum Beispiel: Wir – sind – auf – der – Osterinsel – gestrandet). Den Spielern sind die Wörter nicht bekannt. Sie erhalten die verkorkten Flaschen vom Spielleiter und müssen sie ans gegenüberliegende Ufer bringen, wo die Zettel zusammengelegt werden, um den Satz zu erraten. Eventuell müssen besonders fest sitzende Korken mit dem Korkenzieher aus der Flasche gezogen werden. Bevor die Spieler mit ihren Flaschen das andere Ufer erreichen, werden sie aber von Mannschaft B angegriffen, die versucht, möglichst viele Flaschen zu rauben und ebenfalls den Satz zu erraten. Wahrscheinlich werden beide Gruppen nur Bruchstücke besitzen, so dass Kombinationsgabe besonders gefragt ist. Der Satz muß den Spielleitern genannt werden, die durch ein Signal aus der Trillerpfeife bekanntgeben, wer als erster die Lösung gefunden hat und Sieger ist.

Entern

Material: 2 Luftmatratzen
Alter: mindestens 4 Schwimmer ab 6 Jahren, Spielleiter
Gelände: brusttiefes Wasser

Zwei „Piratenschiffe" (Luftmatratzen) sind mit jeweils mindestens zwei Piraten bemannt. Sie liegen an gegenüberliegenden „Ufern" (Beckenrand). Der Spielleiter gibt ein Zeichen, und schon springen alle Piraten ins Wasser, um so schnell wie möglich beim feindlichen Schiff anzukommen und es zu entern. Sieger ist die Piratenmannschaft, die zuerst vollzählig das feindliche Schiff besetzt hat.

Beute machen

Material: Luftmatratze, Steine, Muscheln, Äste
Alter: ab 5 Jahren, 1 Spielleitung

Mindestens zwei Seeleute transportieren auf ihrem Luftmatratzen-Schiff alle möglichen Schätze. Eine Meute Piraten überfällt das Schiff und versucht, möglichst viele Beutestücke zu ergattern. Dafür steht ihnen aber nur begrenzte Zeit zur Verfügung. Danach werden die Seeräuber vom Kapitän (Spielleitung) zurückgerufen. Die Matrosen verteidigen natürlich ihre Fracht. Sieger ist, wer die größere Anzahl Schätze erbeutet bzw. verteidigt hat.

Tunnel-Staffette

Alter: Schwimmer ab 6 Jahren
Gelände: brusttiefes Wasser

Es werden zwei Gruppen gebildet, die (je nach Schwimmkünsten der Spieler) aus mindestens fünf Mitgliedern bestehen sollten. Die stellen sich jeweils mit gespreizten Beinen hintereinander auf. Die Spieler am Ende der Reihen tauchen durch den Tunnel aus Beinen und stellen sich am Anfang auf. So geht es weiter, bis die ursprüngliche Reihenfolge wieder hergestellt ist: Welche Gruppe schafft das zuerst?

Variante: Bei jüngeren, im Tauchen nicht so geübten Schwimmern können die anderen Gruppenmitglieder den Taucher leicht anschieben. Der Abstand zwischen den einzelnen Tunnelelementen sollte dann so groß sein, dass die Taucher zwischen ihnen oder zur Seite hin auftauchen können, und so klein, dass sie sich an den Beinen durch den Tunnel ziehen können.

Flucht aufs Schiff

Häufig mussten sich die Seeleute fluchtartig zurückziehen, wenn sie fremdes Land betraten und auf Feinde trafen. Dabei blieb manchmal nicht mehr ausreichend Zeit, um noch mit dem Boot zurückzurudern. Und oft wurde der Fluchtweg ins Wasser und zum Schiff abgeschnitten ...

Material: Kleidungstücke, Äste o.ä. zur Markierung der Spielzone
Alter: ab 6 Jahren, Spielleitung

Es werden zwei Gruppen gebildet: Die „Insulaner" wollen (innerhalb der markierten Spielzone) verhindern, dass die Eindringlinge ins Wasser kommen und ihr Schiff erreichen können. Nach zehn Minuten oder mehr – je nach Zahl der Spieler – bricht die Spielleitung ab und es wird gezählt, wie viele Piraten den Durchbruch ins Wasser geschafft haben. Im zweiten Durchgang wechseln die Gruppen.

Variante 1: Das Spiel endet erst, wenn alle ins Wasser gekommen sind. Wer es bereits geschafft hat, darf die Insulaner ablenken, um seine Kameraden zu unterstützen.

Variante 2: Die Insulaner dürfen durch Abschlagen Gefangene machen.

Haifisch

Wer in der Karibik ins Wasser fiel, den holte – auch wenn er schwimmen konnte – oft genug ein Hai. Inzwischen ist bekannt, dass Haie nur auf Bewegungen reagieren. Ein „toter Mann" konnte also sein Leben retten.

Alter: ab 5 Jahren

Viele Seeleute haben sich vom untergehenden Schiff gerettet und versuchen an Land zu schwimmen. Da taucht ein „Hai" auf. Wer nicht schnell genug flieht, der hat nur noch die Chance, als „toter Mann" leblos auf dem Wasser zu treiben. Dann darf er vom Hai nicht angegriffen werden. Wer aber vom Hai durch Berührung erwischt worden ist, der darf in der nächsten Runde den gefährlichen Raubfisch spielen.

Variante: Für diese Abwandlung kann es auch mehr als einen Haifisch geben. Die Haifische sind mit Taucherbrille und / oder Schwimmflossen ausgerüstet. Sie tauchen durchs Nichtschwimmerbecken und versuchen, die umherwatenden Seeleute unter Wasser zu berühren. Wer getroffen wurde, erhält die Ausrüstung und wird seinerseits zum Haifisch.

Schiff abschleppen

Manövrierunfähig geschossene Schiffe wurden vom gegnerischen Kapitän begutachtet. Und wenn er es lohnend fand, sie wieder instandzusetzen, nahm sein Schiff das andere „an den Haken" und schleppte es in den nächsten sicheren Hafen, um es wieder seefest machen zu lassen.

Material: Luftmatratzen, große Schwimmreifen, Schlauchboote
Alter: ab 8 Jahren

Mindestens drei Spieler besteigen ihre Wasserfahrzeuge, und zwar so, dass sie jeweils einen Fuß des Schwimmers vor ihnen zu fassen bekommen. Jetzt besteht die Kunst darin, mit der Hand und dem freien Fuß zu einem vorher festgelegten Ziel zu kommen, ohne dass eins der Wasserfahrzeuge kentert.
Bei einem Wettkampf treten zwei Gruppen gegeneinander an.

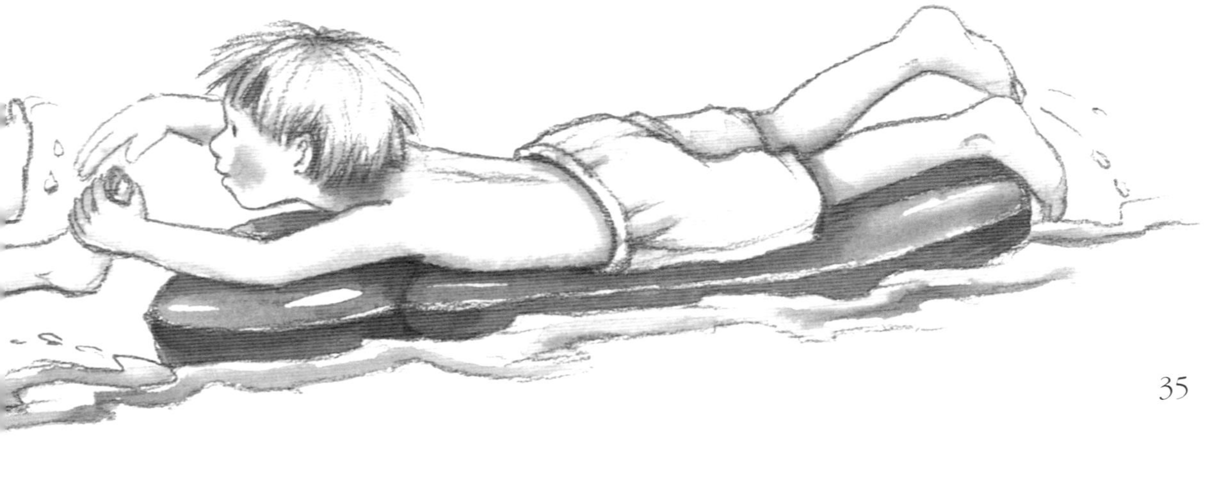

Lebendes Netz

Alter: ab 5 Jahren
Gelände: brusttiefes Wasser

Zwei Gruppen bilden eine Gasse. Die Spieler auf der einen Seite stehen mit gespreizten Beinen und geschlossenen Augen da und halten die Hände der Nachbarn fest. Dadurch enstehen viele „Löcher", durch die die Spieler der anderen Gruppe versuchen hindurch zu schwimmen oder zu tauchen, ohne einen Teil dieses lebenden Netzes zu berühren. Wer das geschafft hat, bildet mit anderen Erfolgreichen gemeinsam eine neue Kette. Wer anstößt, reiht sich in das ursprüngliche „Netz" ein, dessen Teile anschließend ebenfalls versuchen, durch das neue Netz zu schlüpfen.

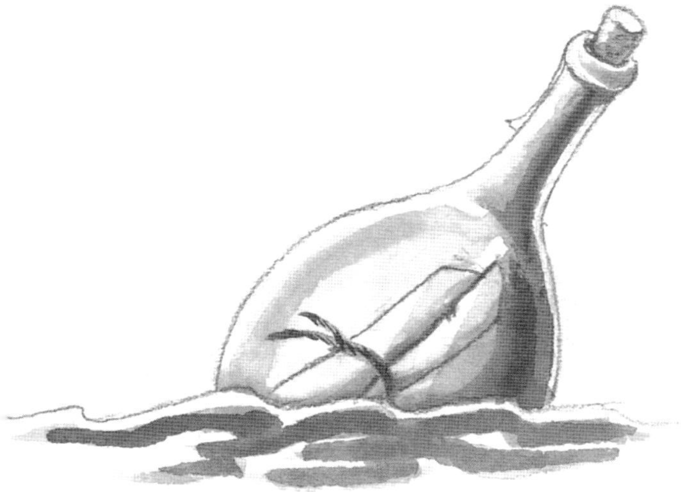

Flaschenpost

Nachrichten in Flaschen haben nicht nur manchem Schiffbrüchigen das Leben gerettet. Sie legten auch riesige Entfernungen zurück oder waren länger als zehn Jahre unterwegs. Polarexpeditionen dienten sie als Nachrichtenübermittler und jahrhundertelang nutzte die Forschung solche Flaschen zur Messung der Geschwindigkeit, der Tiefe und der Richtung der Meeresströmungen: Dazu wurde ein „Flaschenfindezettel" samt Flasche über Bord geworfen. Dort waren die Zeit und der genaue Ort vermerkt sowie eine Aufforderung in mehreren Sprachen, dass der Finder ebenfalls den genauen Fundort und die Zeit aufschreiben und das Ganze dem Hydrographischen Institut seines Landes übergeben solle.

Material: Flasche aus durchsichtigem Glas, Korken, Papier, Kordel, Stift, evtl. Rückumschlag
Alter: mit Hilfe ab 3, sonst ab 8 Jahren

Die Flasche reinigen und das Etikett entfernen. Besonders günstig sind Flaschen aus durchsichtigem Glas, damit die Finder sofort erkennen können, dass sich in der Flasche eine Botschaft befindet. Auf einen nicht zu großen Zettel wird in Blockbuchstaben eine kurze Nachricht geschrieben; Datum und Absender nicht vergessen! Den Zettel eng zusammenrollen und mit der Kordel verschnüren. Wer damit rechnet, dass seine Flasche eher im Inland gefunden werden wird, kann noch einen frankierten Rückumschlag ausfüllen. Das Papier in die Flasche schieben, die Flasche mit dem Korken dicht verschließen. Die Flaschenpost wird dort ins Wasser geworfen, wo sie sich nicht gleich am Ufer verfangen kann, also z. B. von einer Brücke oder am Meer bei beginnender Ebbe.

Variante: Ein Problem ist immer wieder, dass die Flaschen übersehen oder nicht geborgen werden, weil schlecht zu erkennen ist, dass sie eine Nachricht transportieren. Gute Erfahrungen wurden z. B. mit einem ein wenig aufgeblasenen roten Luftballon gemacht, der in der Flasche das Schriftstück an die Flaschenwand drückt.

Buddelschiff

Auf ihren langen Fahrten bastelten die Seeleute alle möglichen Souvenirs, die zum Teil große Geduld erforderten. Berühmt geworden sind die „Buddelschiffe", manche regelrechte kleine Wunderwerke an Bastelkunst: komplette Kleinstschiffe mit Takelage, Kanonen, Galionsfiguren ... Und immer wieder fragten sich die Landratten, wenn sie ein solches Kunstwerk in einem Geschäft am Hafen oder in einem Museum sahen, wie die Matrosen ihre Schiffe in die Flasche praktiziert hatten. Die abenteuerlichsten Theorien wurden aufgestellt bis hin zu der Vorstellung, das Glas sei um das Schiff herumgeblasen worden. Als wäre dann nicht das kleine Gebilde aus Holz ein Raub der Flammen geworden. Die Erklärung ist ganz einfach, auch wenn die Ausführung natürlich ziemlich kompliziert ist: Die Masten samt Takelage liegen zunächst auf dem Schiffsboden und werden erst dann mit Hilfe von Fäden aufgerichtet, wenn der Schiffskörper durch den Flaschenhals geschoben worden ist.
Diese hohe Schule des Bastelns können wir bewundern, aber wir wollen uns lieber mit einer einfacheren Version begnügen, die auch schon mit Jüngeren umzusetzen ist.

Material: gefaltetes Papierschiff oder ein Floß aus Korken, Glasgefäß mit Schraubverschluss, Papier und Buntstifte, Schere, Kleber
Alter: ab 4 Jahren

Das Papierschiff wird gefaltet (s. S. 53; bei der Papiergröße an die Ausmaße der Flasche denken!) und bemalt. Oder wir bauen ein einfaches Floß aus Korken (s. Abb.) Aus Papier werden die Umrisse der Besatzungsmitglieder geschnitten und auf das Schiff geklebt. Ein blau angemaltes Stück Papier, angeklebt auf eine Längsseite des Glasgefäßes, ergibt das Meer. Das Schiff wird durch die Öffnung in das Glas geschoben und auf dem „Meer" festgeklebt. Glas zuschrauben. Nun kann es in der Badewanne vom Stapel laufen oder im Regal einen Ehrenplatz bekommen.

<u>Varianten:</u> Das Glas kann auch von außen mit blauer Farbe bemalt werden (einfacher, aber dann ist es nicht wassertüchtig). Kleber an einer Längsseite aufgetragen, Sand in das Glas geschüttet und vorsichtig verteilt: schon ist ein kleiner Strand entstanden (auf dem vielleicht auch noch Muschelstücke und kleine Schnecken zu finden sind).

Auf Matrosen, packt alle an

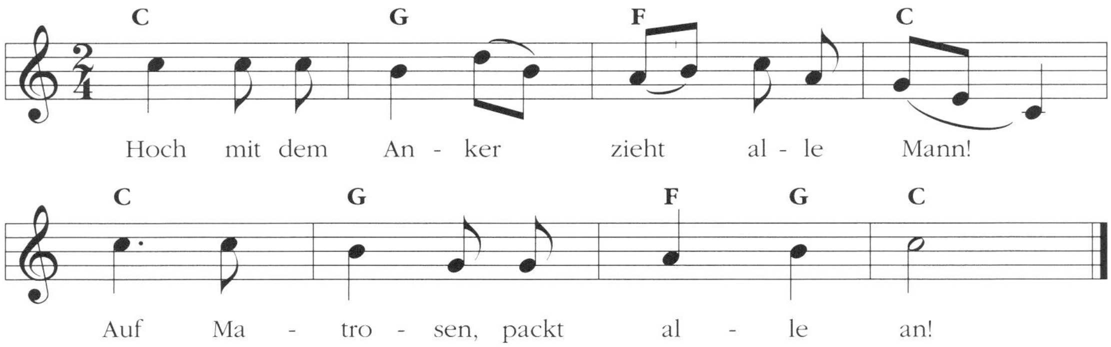

1.
Hoch mit dem Anker, zieht alle Mann!
Auf Matrosen, packt alle an!

2.
Los die Leinen – und ab geht der Kahn!
Auf Matrosen, packt alle an!

3.
Jeder hilft mit – so viel er kann!
Auf Matrosen, packt alle an!

4.
Hauptsegel, Fogg und auch der Besan!
Auf Matrosen, packt alle an!

5.
Von achtern kommt Wind – es geht gut voran!
Auf Matrosen, packt alle an!

6.
Mädchen und Jungen – jeder steht seinen Mann!
Auf Matrosen, packt alle an!

7.
Der Käpt'n geht selber ans Steuer ran!
Auf Matrosen, packt alle an!

8.
Auf der Reling sitzt der Klabautermann!
Auf Matrosen, packt alle an!

9.
Stürmisch die See – es droht ein Orkan!
Auf Matrosen, packt alle an!

10.
Land in Sicht! Das Schiff legt an!
Auf Matrosen, packt alle an!

11.
Die schwere Ladung löscht der Kran!
Auf Matrosen, packt alle an!

12.
Im Beiboot an Land, die Arbeit ist getan!
Auf Matrosen, packt alle an!

13.
Und wieder auf Fahrt. Bis irgendwann!
Auf Matrosen, packt alle an!

Musik: Rudi Mika
Text: Rudi Mika / Bernhard Schön

Pantomime

„Haul the bowline" ist der älteste bekannte Shanty, wahrscheinlich stammt das Lied aus dem 17. Jahrhundert. Shanties wurden bei aufwendigen Segelmanövern, aber auch beim Einholen der schweren Ankerketten gesungen. Wie andere Arbeitslieder auch koordiniert der rhythmische Wechselgesang die Arbeitsabläufe. Der Vorsänger („Shantyman"), ein älterer, erfahrener Seemann, kannte viele Lieder und hatte eine kräftige Stimme, um den Takt vorgeben zu können.

Alter: ab 4 Jahren, eventuell ein erwachsener Vorsänger

Das Lied wird vom Tonträger gespielt, und die Kinder machen die entsprechenden Bewegungen: die Ankertrosse hochziehen, die Leinen wegwerfen, die Segel hissen, kräftig blasen, am Steuer drehen, als Klabautermann hocken, den Wind heulen lassen, aus dem Ausguck rufen, Kisten schleppen und Fässer rollen, rudern, zum Abschied winken.
Dazu kann aber auch ein (erwachsener) Vorsänger den Takt vorgeben, und alle Matrosen singen gemeinsam: „Auf Matrosen, packt alle an!"

Variante: Der Shanty eignet sich gut für eine Theateraufführung.

Dieses Lied und noch viel mehr Musik und tolle Geschichten aus der Seemannskiste gibt es auf dem Tonträger (MC oder CD, s. Anhang, S. 130)

Mit Schiffen über die Ozeane

„Ich überlegte, dass jeder, der sich in solche Gefahr begibt, sehr unvernünftig ist, wenn er mit den Gütern eines anderen beladen oder mit einer Todsünde belastet ist. Denn man legt sich am Abend zur Ruhe, ohne zu wissen, ob man sich nicht am nächsten Morgen auf dem Grund des Meeres wiederfindet.“ (Joinville, 1227)

So beschreibt ein französischer Adeliger seine Ängste, während er sich als Begleiter von Ludwig dem Heiligen auf einem Schiff befindet, das Kreuzfahrer ins Heilige Land bringen soll. Ein anderer heiliger Mann, der Apostel Paulus erlebte über tausend Jahre früher in der Gegend von Kreta einen schrecklichen Sturm. Er sollte als Gefangener auf einem Getreideschiff nach Rom transportiert werden. Der Kapitän hatte allerdings eine alte Regel missachtet, an die sich bereits die alten Griechen hielten: Seereisen sollten erst unternommen werden, wenn das Sternbild der Plejaden Anfang Mai mit der Sonne steigt. Statt in einem sicheren Hafen zu überwintern, war das Schiff in die im Spätherbst üblichen Stürme vor der griechischen Küste geraten. Und so ist in der Apostelgeschichte zu lesen: „Nicht lange danach aber erhub sich wider ihr Vornehmen eine Windsbraut, die man nennet Nordost. Und da das Schiff ergriffen ward und konnte sich nicht wider den Wind richten, gaben wir's dahin und schwebeten also ...“ Das große, schwerbeladene Schiff trieb tagelang hilflos umher, bis es an der Küste zerschellte.

Wir können uns heute kaum mehr vorstellen, welche unüberwindlichen Hindernisse es früher zu überstehen galt, um von einem Ort zum anderen zu gelangen. So waren weite Teile von Europa im Hochmittelalter noch von undurchdringlichen Urwäldern und Sümpfen bedeckt. Eine Handelsreise von einem Markt zum anderen dauerte auf den wenigen, unbefestigten Straßen oft Wochen. Mit dem Schiff dagegen konnten bei günstigen Winden bis zu 120 Kilometer in 24 Stunden zurückgelegt werden.

Bereits in vorgeschichtlicher Zeit wurden die Flüsse und Seen als Verkehrswege genutzt. Und Fischer haben sich schon vor Jahrtausenden auf das Meer gewagt, weil sie sich dort einen besseren Fang erhofften. So lassen sich nach Ausgrabungen an der Küste von Norddänemark für das Jahr 8.000 v.u.Z. Reste von Hochseefischen nachweisen, die nicht von Land aus gefangen werden konnten. Wie die Schiffe dieser mutigen Seeleute ausgesehen haben, wissen wir nicht. Auf jeden Fall hat die Schifffahrt zuerst auf Bäumen stattgefunden, auf die man sich setzte oder stellte. Mehrere zusammengebunden ergaben ein Floß. Eine Weiterentwicklung der Einbäume waren die Pirogen (d. h. „mit Feuer ausgehöhlt"), in denen man bereits knien oder sitzen konnte; sie wurden unabhängig voneinander in verschiedenen Erdteilen erfunden. Andere Völker schufen sich schwimmfähige Untersätze aus Rinde oder aus Fellen. Vermutlich haben sich die Menschen in diesen Wasserfahrzeugen zunächst mit den Händen oder mit langen Stangen vorwärts bewegt, bevor sie die Möglichkeiten von Paddel und Ruder entdeckten. Mächtige Galeeren, zum Teil von drei und mehr übereinander angeordneten Ruderbänken aus angetrieben, beherrschten dann lange Zeit die Meere, bis die Segelschiffe so weit entwickelt waren, dass sie größere Lasten transportieren und weite Strecken zurücklegen konnten. Mit ihrer Hilfe fand man neue Handelswege, und es gelangen die ersten dokumentierten Fahrten rund um den Erdball.
Wir wissen seit langem, dass fremde Kontinente sehr früh „entdeckt" wurden. Columbus zum Beispiel war nicht als erster Europäer in Amerika. Zumindest die Wikinger hatten nachweislich schon 600 Jahre früher die kanadische Ostküste erreicht und kamen in späteren Jahren bis nach Massachussets, das sie „Vinland" nannten. Die Südseeinseln wurden seit dem zweiten Jahrtausend v.u.Z. von Südindien und Südchina aus besiedelt, wahrscheinlich mit Auslegerbooten, wie sie heute noch von Polynesiern benutzt werden. Und Thor Heyerdahl, der norwegische Forscher, hat bewiesen, dass es in der Antike möglich war, mit einem einfachen Papyrusfloß den Atlantik oder andere weite Seestrecken zu überwinden. Solche Flöße wurden bereits vor Jahrtausenden von Ägyptern auf dem Nil genutzt, Aymara-Indianer vom Titicaca-See in Peru stellen noch heute ähnliche Flöße aus Binsen her. Mit ihrer Hilfe baute der Norweger ein zwölf Meter langes und fünf Meter breites schiffsähnliches Floß und konnte im Jahr 1970 in 57 Tagen eine Seestrecke von 6.300 Kilometern zwischen Marokko und der Insel Barbados vor der Küste Venezuelas überwinden. Historiker gehen inzwischen davon aus, dass Indianer die umgekehrte Strecke schon zur Zeit der ägyptischen Hochkultur geschafft haben und wahrscheinlich auch in anderen Erdteilen landeten. Sie stützen sich dabei auf Funde von Cocablättern in ägyptischen Mumien und Abbildungen von Mais in indischen Tempeln – beides sind Anbauprodukte der Ureinwohner Amerikas.
Diese Seefahrer mussten nicht nur viel Mut haben, sie besaßen auch ein reiches Wissen: über das Wetter, die Windrichtungen, den Stand der Sterne, die verschiedenen Meer-

esströmungen, das Verhalten der Seevögel und Fische: so haben Wildgänse den Wikingern den Weg nach Island „gezeigt". Und wer diese Informationen gut zu verwerten wusste, der fand die besten Fischgründe oder konnte fremde Küsten ansteuern, um dort lohnende Tauschgeschäfte zu machen. Deshalb wurden solche Kenntnisse auch wie Staatsgeheimnisse gehütet: In vielen Ländern war es bei Todesstrafe verboten, Segelanweisungen oder Aufzeichnungen über Seewege weiterzugeben, mancher Kapitän bewahrte seine kostbaren Karten in einem Behälter auf, der mit einem dicken Stein beschwert war; fiel das Schiff Seeräubern oder anderen Feinden in die Hände, wurden die Karten auf dem Meeresboden versenkt.

Wie konnten sich die Seeleute ohne genaues Kartenmaterial, ohne präzise Instrumente überhaupt orientieren, wie konnten sie navigieren? (Navigation bedeutet die Standortbestimmung auf See und die Einhaltung des gewählten Kurses.) Solange sich die Schiffe auf Flüssen und in Küstennähe bewegten, reichten Kenntnisse über die Beschaffenheit des Ufers aus: Berge, Flussmündungen, Burgen, Kirchtürme und andere markante Punkte wurden schon im Altertum relativ genau beschrieben. Zu Zeiten der Hanse waren Kirchtürme zum Beispiel ein wichtiger Orientierungspunkt; deshalb findet man in Küstennähe an der Nord- und an der Ostsee auch heute noch viele hohe Kirchtürme. Bei der sogenannten landgestützten Navigation, wurde seit dem 15. Jahrhundert ein Peilkompass auf solche markanten Punkte gerichtet, der entsprechende Winkel auf die Karte eingetragen und bei einem zweiten Merkmal das ganze wiederholt.
Schon Homer berichtet darüber, dass sich Odysseus nach den Sternen bei seinen Fahrten gerichtet hat. Astronavigation heißt die Orientierung an der Sonne, an Sternen und Sternbildern. Wichtigster Fixpunkt war dabei der Polarstern. Er scheint in der Verlängerung der Erdachse unbeweglich am Himmel zu stehen und zeigt stets nach Norden. Deshalb wird er auch als Nordstern bezeichnet. Bei klarer Sicht konnten die Seeleute ihren Kurs nach diesem Leitstern und nach dem Sternbild „Großer Bär" oder „Großer Wagen" bestimmen, das sich innerhalb von 24 Stunden einmal um den Polarstern dreht. Am Tag richteten sich die Seeleute nach dem Stand der Sonne.
Umwälzend für die Seefahrt war die Entdeckung, dass Magnetsteine immer nach Norden zeigen. Ein Magnet soll schon im dritten Jahrtausend v.u.Z. von einem chinesischen Kaiser in seinem Staatswagen benutzt worden sein, allerdings scheinen die Chinesen Magneten erst sehr viel später für die Schifffahrt genutzt zu haben: Dieser Kompass bestand aus einem fischförmigen Magnetstein, der in einer Schüssel mit Wasser"schwamm". Sehr wahrscheinlich konnten sich Wikinger auf ihren Fahrten nach Island, nach Grönland und nach Amerika ebenfalls auf einen primitiven Kompass verlassen. Merkwürdigerweise war der Kompass dann schon mehrere Jahrhunderte in Italien, Spanien und Portugal in Gebrauch, bevor er sich im Norden allmählich (wieder) verbreitete. Die Vitalienbrüder jedenfalls haben ihn nicht benutzt und sich fast ausschließlich auf Segelanweisungen verlassen.

Bei einer Flussüberquerung genauso wie beim Erreichen der Küste musste die Wassertiefe gemessen werden, um das Boot nicht auf Sand oder gegen ein Riff zu setzen. Alte Abbildungen aus Ägypten zeigen einen Mann im Vorschiff, der diese Aufgabe mit einer langen Stange erledigt. Die Gefahren in tieferen Gewässern wurden seit alters her „aus-

gelotet": Das Lot, ein Stück Blei an einer Leine, an der die Wassertiefe abgelesen werden konnte, ist eins der ältesten Navigationsinstrumente überhaupt.
Zwar gab es schon bei Griechen und Phöniziern Aufzeichnungen über die Landmarken, und von Südseevölkern sind Karten bekannt, die auf einem Gerüst von Palmadern mit Muscheln und Korallenstücken Inseln und ihre Lage zueinander anzeigen. Entfernungen, z. B. zum Ufer, wurden dabei nur geschätzt. Die Beschreibungen sahen dann so aus wie diese Hinweise eines alten Wikingers an seinen Sohn: „Ich fuhr drei Tage lang immer mit dem Vorschiff in Richtung Norden. Dann traf ich auf eine Insel, die ich zu meiner Linken liegen ließ. Nach weiteren zwei Tagen stieß ich auf eine kleine Insel, achte darauf, sie zu deiner Linken liegen zu lassen. Nun fährst du noch vier Tage, und schließlich siehst du Land."
Seekarten mit einer exakteren Bestimmung des Schiffsortes wurden erst seit Ende des 15. Jahrhunderts angefertigt, relativ genaue Unterlagen zeichnete erst der englische Kapitän James Cook um 1770; er hatte allerdings auch wesentlich bessere Instrumente zur Verfügung. Die im 15. und 16. Jahrhundert bedeutendsten Seefahrernationen, Spanien und Portugal, konnten sich für ihre Karten teilweise auf vergessene Berichte aus der Antike und auf Reiseaufzeichnungen stützen, z. B. von Marco Polo, vieles erfassten die Schiffskapitäne bei ihren Neu- und Wiederentdeckungen zum ersten Mal.
Columbus starb in dem Glauben, 1492 den Seeweg nach Indien gefunden zu haben. Ihm folgten zahlreiche spanische und portugiesische Schiffe auf dem Weg nach Amerika, in die „neue Welt". Dem Portugiesen Ferdinand Magelhaes gelang es 1520, um die Südspitze Südamerikas herum, vom Atlantik in den Pazifik zu segeln. 22 Jahre vorher hatte sein Landsmann Vasco da Gama Südafrika umschifft und war auf direktem (See)Weg nach Indien gelangt, 1542 wurde Japan entdeckt. So hatten die Seefahrer innerhalb von fünfzig Jahren die Grundlagen für ein neues Weltbild geschaffen, das die Erde als Ganzes umfasste.

Von Riesenkraken, Einhörnern und dem Klabautermann

Klaus ist gerannt und steht jetzt keuchend vor der Fischerhütte, in der er mit seinen Eltern und den drei Geschwistern lebt. Gerade hat es von der Kirchturmuhr dreimal geschlagen. Gott sei Dank ist Margarete noch nicht da. Er wischt sich den Schweiß von der Stirn und atmet tief durch. Obwohl er schon seit 4 Uhr morgens auf den Beinen ist und seinem Vater beim Fischen geholfen hat, ist er hellwach und ein bisschen aufgeregt. Was kann er jetzt mit Margarete unternehmen?

Die Piraten sind immer noch in der Stadt, und alle möglichen Fremden auch, die sich anwerben lassen wollen. Aber an den Hafen oder auf den Marktplatz will Klaus heute nicht. Ihm ist etwas Besseres eingefallen. Schnell läuft er zum Nachbarhaus, das sich genauso windschief unter seinem Reetdach duckt wie ihre eigene Hütte.

Er klopft und eine brummige Stimme fragt: „Was is?"

„Opa Hinnerk, ich bin's, Klaus. Meine Freundin kommt gleich. Kannst du uns ein paar tolle Geschichten erzählen? Ich hab ihr schon viel von dir erzählt." Das stimmt zwar nicht ganz, weil er seiner neuen Freundin gestern noch gar nichts von Hinnerk mitgeteilt hat. Aber das kann er ja gleich nachholen.

„Ist schon gut. Kannst die Kleine mitbringen."

Erleichtert geht Klaus wieder zurück. Da kommt auch schon Margarete. Sie begrüßen sich etwas verlegen, aber Klaus gibt sich einen Ruck. Schließlich ist er hier ja zu Hause.

„Wir haben einen alten Nachbarn, der ist jahrzehntelang zur See gefahren. Du kannst dir nicht vorstellen, wo der schon überall gewesen ist. Norwegen, England, Spanien, sogar in Nordafrika und am Roten Meer, das muss auch da unten liegen. Wir nennen ihn alle ‚Käpt'n Ant', weil er so watschelt, und weil er manchmal Lügengeschichten erzählt, glaube ich jedenfalls. Sag aber lieber ‚Opa Hinnerk' zu ihm, das mag er lieber. Wollen wir ihn besuchen?"

Das findet Margarete auch spannend. Mit Geschichten von fernen Ländern ist sie bei den vielen Seeleuten im Wirtshaus ja aufgewachsen.

Der alte Käpt'n hat einen Kräutertee gemacht und stellt jedem einen dampfenden Becher hin. Sogar einen Löffel Honig dürfen sie sich nehmen. Die Kinder setzen sich auf die Bank neben den warmen Ofen und starren Käpt'n Ant erwartungsvoll an. Der hat es sich in seinem Holzstuhl gemütlich gemacht und noch zusätzlich eine Pelzdecke über die Knie gebreitet.
„Die alten Knochen werden nicht mehr richtig warm", brummelt er. „Das war früher anders, Kinder. Bei jedem Wetter draußen. Oben in Visby im Frost und bei den Schwarzen in glühender Hitze."
„Bei Hitze, da fällt mir ja was ein, das hab ich bisher nicht mal dem Klaus erzählt. Oder kennst du etwa die Geschichte vom Klabautermann schon?"

Gehört haben sie beide schon von dem guten Geist des Schiffes, der auch ziemlich viel Unsinn anstellen kann. Aber was hat Opa Hinnerk mit dem erlebt?

„Tja." Hinnerk überlegt einen Augenblick. „Das muss jetzt schon mindestens dreißig Jahre her sein. Da sind wir mit einer Kogge aus Lübeck nach England gefahren. Wir kamen von Nowgorod und hatten den Laderaum voll kostbarer Felle. Hier, den Braunen, den habe ich damals als Belohnung bekommen." Liebevoll streicht er über das Bärenfell auf seinen Beinen.
„Wofür Belohnung", fragt Klaus. Er ist ungeduldig, weil Hinnerk manchmal abschweift und seine Geschichten etwas umständlich erzählt.

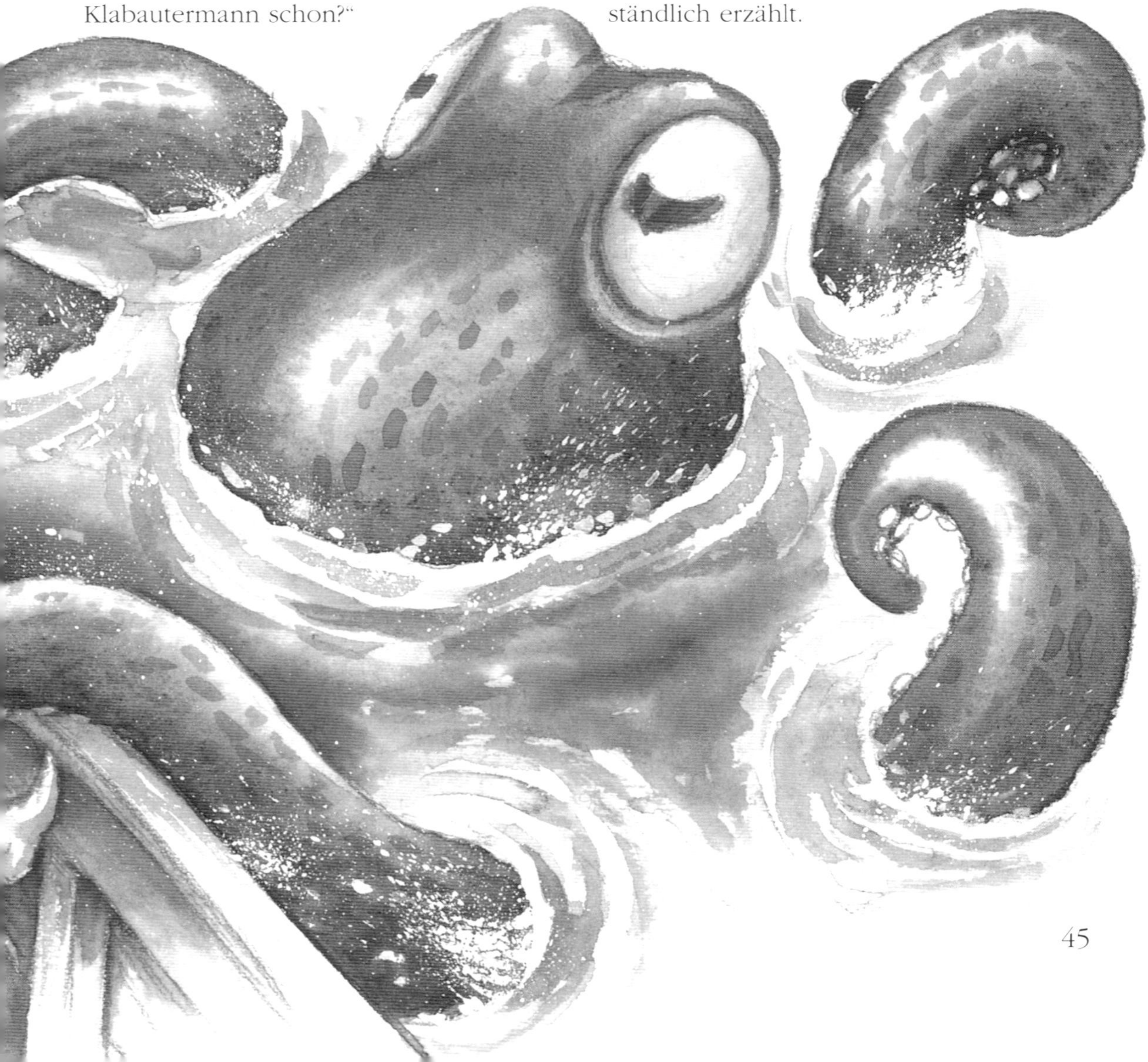

„Immer mit der Ruhe, mein Junge. Das kommt schon noch. Also, der Klabautermann. Der hatte uns auf unserem Schiff die ganzen Jahre über begleitet. Zweimal habe ich ihn gesehen, als ich ganz früh morgens Wache schieben musste. Er sieht genauso aus, wie ihn die Kameraden immer beschreiben: klein, mit roten Haaren und weißem Bart. Aus dem Mastkorb ist er rausgeklettert und auf den Segeln rumgeturnt. Dann hat er mir gewunken, und schon war er verschwunden. Der gute Klabautermann hat uns und dem Handelsherren Glück gebracht. Kein Mastbruch im Sturm, die Ladungen nie verdorben oder nass, und Streit gab es nur selten in der Mannschaft.
Ich weiß auch, warum das so lief. Ich habe nämlich jeden Abend eine kleine Schale mit Hafergrütze in den Achtersteven gestellt. Die war am nächsten Morgen immer leer."
„Und wofür hast du die Belohnung bekommen?" Klaus ist hartnäckig.
„Wir waren schon auf der Nordsee und sollten bald unseren nächsten Hafen anlaufen. Es war eine finstere Nacht. Die ganze Mannschaft, außer der Wache, hatte sich schon schlafen gelegt. Da bin ich plötzlich angestoßen worden und an die Wand geknallt. Ich war ganz duselig im Kopf, aber einen roten Haarschopf habe ich noch gesehen und ein leises Kichern gehört. Ich konnte nicht wieder einschlafen, weil mir mein Kopf wehtat und weil es so komisch gerochen hat.
Und dann habe ich den Geruch erkannt: Rauch!
Ich bin sofort aufgesprungen und habe gebrüllt: Feuer! Feuer auf dem Schiff!
Der Rauch quoll aus der Kombüse. Später hat sich rausgestellt, dass der Koch das Feuer im Herd nicht ausgemacht hatte, und bei dem Seegang muss wohl glühende Asche auf den Boden gefallen sein.
Na, jedenfalls haben wir das Feuer löschen können. Genug Wasser gab es ja um uns herum. Die Kombüse war ziemlich schwarz. Und das Holzbein vom Koch war angekohlt. Das hat er nämlich immer nachts abgeschnallt und beim Herd stehen lassen. Sonst ist aber nichts passiert.
Der Käpt'n hat uns alle antreten lassen und mich vor versammelter Mannschaft gelobt, weil ich das Feuer bemerkt und rechtzeitig Alarm geschlagen habe. Und als die Ladung beim Hansekontor in London abgerechnet war, da hat mir der Beauftragte unseres Handelsherren das Bärenfell hier geschenkt.
Natürlich habe ich keinem erzählt, dass eigentlich der Klabautermann die Belohnung verdient hätte."

Das Seeungeheuer

„Noch eine Geschichte, bitte". Margarete ist begeistert. In ihrer Schänke hört sie ganz andere Sachen. Entweder geht es um irgendwelche Frauengeschichten, oder die Männer prahlen mit ihren erfolgreichen Raufereien.
„Dann will ich euch etwas zeigen." Schwerfällig steht Käpt'n Ant auf und geht zu einer großen Holzkiste, die unter dem Fenster steht. Er wühlt darin herum, murmelt dabei vor sich hin, bis er erleichtert ruft: „Wusste ich doch, dass das Ding hier drin vergraben ist."
Er dreht sich zu den Kindern und hält einen langen, spitz zulaufenden Gegenstand in die Höhe. Fast sieht es so aus, als hätte er einen Speer in der Hand, aber dafür ist das Ding am unteren Ende zu dick.

„Ja, da staunt ihr, was? Das ist ein echtes Horn von einem Einhorn. Habe ich in Stockholm von einem alten Händler gekauft. Der hatte es von seinen Vorfahren,

als die noch mit ihren Wikingerbooten auf Beutefahrt in der halben Welt unterwegs waren. Hat mich viel Geld gekostet, aber das ist es wert, findet ihr nicht?"
Ehrfürchtig fassen die Kinder das lange Horn an.

„Ist es gefährlich?" „Gibt es noch Einhörner?" Die Kinder wollen noch mehr über das seltsame Tier erfahren.
„Das kann ich euch nicht sagen. Der schwedische Händler hat mir erzählt, dass sein Urahne den kostbaren Fund mit dem Leben bezahlt hat. Seine Begleiter haben ihn neben dem Horn tot aufgefunden."

Hinnerk macht eine kurze Pause und fährt dann fort.
„Dabei fällt mir ein, wie ich vor langer Zeit mit einem vielarmigen Ungeheuer auf Leben und Tod gekämpft habe."
„Au ja, die Geschichte mit dem Seeungeheuer." Klaus kann sie immer wieder hören.
„Wir sind an der Küste von Spanien gesegelt. Es war furchtbar heiß, kaum ein Lüftchen ging. Ich hatte Wache und musste dauernd dagegen ankämpfen, dass mir die Augen zufielen. Da gab es plötzlich einen Krach, als wären wir gegen einen Eisberg gestoßen. Und gleich danach wurde das ganze Schiff hochgehoben und kippte gefährlich nach Steuerbord.
Ich rannte zur Reling nach der anderen Seite. Was ich dort gesehen habe, das werde ich mein Leben lang nicht vergessen."
Der alte Kapitän trank einen Schluck Kräutertee.
„Die See unter unserem Schiff war aufgewühlt und ganz schwarz. Und direkt neben dem Bug wölbte sich ein riesiger Leib aus dem Wasser, mit Augen, so groß wie Scheunentore, und mit unzähligen Armen, die dicker waren als unsere Masten.
Als ich vor Überraschung und Angst aufschrie, bemerkte mich das Untier. Sofort schossen zwei der riesigen Fangarme aus dem Wasser und wollten mich packen. Schon hatte sich die Spitze eines Armes um meine Beine geschlungen, um mich ins Wasser zu ziehen. Da konnte ich gerade noch mein großes Messer ziehen und in höchster Not den klammernden Muskel durchtrennen. Der zweite Fangarm schlängelte sich noch einen Augenblick in der Luft, der riesige Körper zuckte leicht, dann verschwand er in der See. Und das Wasser lag plötzlich wieder genauso ruhig da wie vorher.
Im Nu hatten mich meine Kameraden umringt, hochgehoben und mit Triumphgeheul übers ganze Deck getragen."
Hinnerk schmunzelt. „Erst wollte ich das Armstück ja aufheben und in Spiritus legen. Ich hab mir gedacht, dass mir sonst keiner die Geschichte glaubt. Aber wir haben kein Glas an Bord gehabt, das groß genug gewesen wäre."

„So, nun muss sich der alte Käpt'n mal ein bisschen ausruhen. Und für euch wird es auch Zeit."

SOS, stille Seepost und Seeungeheuer

Toter Mann

Material: Ball
Alter: ab 5 Jahren

Während Schiffbrüchige im Wasser schwimmen (Nichtschwimmer waten im abgegrenzten Becken oder Gelände) und versuchen an Land zu kommen, taucht ein Seeungeheuer auf, das sein Opfer mit dem Ball trifft, so dass es (Nichtschwimmer) zur Salzsäule erstarrt oder (Schwimmer) als „toter Mann" im Wasser treibt. Der „tote Mann" kann wiederbelebt werden, wenn er von zwei anderen Schiffbrüchigen berührt wird. Das Spiel ist zu Ende, wenn entweder alle Schiffbrüchigen getroffen sind oder das Seeungeheuer erschöpft ist.

Wasserschlange

Alter: ab 7 Jahren, möglichst viele Spieler
Gelände: brusttiefes Wasser

Ein Spieler ist der Jäger, alle anderen bilden zusammen das Seeungeheuer: Sie stellen sich hintereinander und fassen mit beiden Armen um den Bauch des Vordermannes. Der Kontakt zu den Vorderleuten darf nie abreißen, sonst geht die Wasserschlange unter. Der Jäger kann die Wasserschlange fangen, indem er das Schwanzende packt Das Seeungeheuer kann sich aber auch wehren und den Angreifer „beißen", das heißt, dass der erste Spieler, der „Kopf", ihn zu fassen kriegt. Das Spiel ist zu Ende, wenn entweder der Jäger gebissen wurde oder er den letzten Spieler, den Schwanz, erwischt.

Delphinreiten

Wer schon einmal im Wasser war, hat sicher auch schon einen Reiterkampf ausgetragen, denn das ist das klassische Wasserspiel. Auch für die folgende Spielidee hat ein Wettspiel mit Pferden Pate gestanden: das Rodeo aus dem Wilden Westen.

Alter: Reiter ab 4 Jahren, Delphin ab 7 Jahren
Gelände: flaches Wasser

Der Delphin steht am Ufer im seichten Wasser oder im Nichtschwimmerbecken im flachen Teil. Er lässt den Reiter aufsteigen und versucht dann, mit allen möglichen wilden Verrenkungen, Bocksprüngen, Untertauchen den Reiter wieder los zu werden.

Variante: Zwei oder mehrere Reiter treten gegeneinander an. Wer am längsten auf dem Delphin sitzen bleibt, hat gewonnen. Das kann entweder dadurch ermittelt werden, dass die Zeit gestoppt wird oder dass die Reiter gleichzeitig auf verschiedenen Delphinen ihr Glück versuchen.

Seenotrettungsdienst

Material: 2 Luftmatratzen
Alter: ab 4 Jahren
Gelände: brusttiefes Wasser

Ein Spieler sitzt auf seinem Schiff (auf der Luftmatratze) und paddelt mit den Händen gegen den Sturm an. Drei andere spielen den Sturm, heulen und pfeifen und rütteln so an der Luftmatratze, dass das Schiff zu kentern droht. Von der anderen Seite nähert sich der „Seenotrettungsdienst“, drei weitere Spieler mit einer Luftmatratze. Wenn der Seemann ins Wasser fällt, hat der „Sturm“ gewonnen, kann er vorher aufs Rettungsboot gezogen werden, erhält der Rettungsdienst eine Verdienstmedaille.

Mayday und Morse

Jeder kennt das Signal ··· — — — ··· SOS (save our souls), mit dem in Seenot geratene Schiffe Hilfe anfordern. Wenn dieses Signal über den Funktelegraphen ertönte, musste jeder andere Funkverkehr eingestellt werden, um den Hilferuf und die Position des Schiffes verstehen zu können. Heute wird ein Hilferuf oft über Sprechfunk abgesetzt. International üblich ist es, die Meldung mit MAYDAY — MAYDAY zu beginnen. Das ist eine englische Verballhornung des französischen Ausdrucks m'aider („mir helfen“). Der erste Funktelegraph bedeutete für die Nachrichtenübermittlung eine Revolution. Sein Erfinder, der auch das Morsealfabet entwickelt hat, hieß Samuel Morse und war eigentlich Maler. Das Morsealfabet zu lernen, ist nicht so einfach. Aber es macht sicher Spaß, einmal ein paar Buchstaben oder ein Wort wie ein Funker durch die Nacht zu senden.

Morsealphabet

Anruf	••••••••••••••
Verstanden	•—•—•—•—•

A	•—	*I*	••	*R*	•—•
Ä	•—•—	*J*	•———	*S*	•••
B	—•••	*K*	—•—	*T*	—
C	—•—•	*L*	•—••	*U*	••—
CH	————	*M*	——	*Ü*	••——
D	—••	*N*	—•	*V*	•••—
E	•	*O*	———	*W*	•——
F	••—•	*Ö*	———•	*X*	—••—
G	——•	*P*	•——•	*Y*	—•——
H	••••	*Q*	——•—	*Z*	——••

1	•————	*6*	—••••
2	••———	*7*	——•••
3	•••——	*8*	———••
4	••••—	*9*	————•
5	•••••	*0*	—————

Material: Taschenlampen
Alter: ab 8 Jahren, 2 Spielleiter
Gelände: freies Feld, außerhalb von beleuchteten Straßen oder Häusern.

Die Gruppe geht mit der Spielleitung auf eine Nachtwanderung. Die Strecke wurde vorher von der Spielleitung auf Eignung geprüft. Alle haben Taschenlampen mitgebracht. An einem verabredeten Punkt entfernen sich die Gruppen auf Sichtweite. Starke Taschenlampen sind – wenn es draußen wirklich „stock"dunkel ist – relativ weit zu sehen. (Spielleitung: vorher ausprobieren!) Jede Gruppe sendet nun mit der Taschenlampe eine kurze Nachricht, z. B. E - I - N - H - O - R - N oder —— ··· · ··· Die andere Gruppe muss diese Nachricht entschlüsseln. Dazu darf auch die mitgebrachte Fotokopie des Morsealfabets benutzt werden.

Stille Seepost

Alter: ab 4 Jahren
Gelände: brusttiefes Wasser

Stille Post unter Wasser sollte mit möglichst vielen Teilnehmern gespielt werden. Ein Absender und ein Empfänger tauchen unter Wasser. Dort müssen sie die Augen öffnen, denn der Absender führt jetzt eine kleine Pantomime vor: wackelt mit dem Kopf, trommelt sich auf die Brrust, schielt, bohrt sich in der Nase ... Nach dem Auftauchen sucht sich der Empfänger einen neuen Adressaten und führt ihm vor, was er eben gesehen hat. Der letzte führt die Pantomime über Wasser vor.

Signalflaggen

Flaggen werden auf Schiffen schon seit langer Zeit gehisst, um Nachrichten an ein anderes Schiff zu übemitteln, dem man gerade begegnete. Oder um sich zu begrüßen oder einfach zu erkennen zu geben. Verfeinert wurde diese Technik mit den Signalflaggen. Der „Signalgast" stand gut sichtbar auf Deck und schwenkte seine Fahnen. Bei Schiffen aus verschiedenen Ländern war die Verständigung allerdings oft schwierig, da es – anders als beim Morsealfabet – lange keine gemeinsame „Flaggensprache" gab. Und bei Nebel oder Dunkelheit funktionierte die Übermittlung auch nicht ...

Material: 4 schmale Holzlatten, roter und gelber Karton, Säge, Klebeband, Schere, Reißzwecken
Alter: ab 8 Jahren

Die Holzlatten werden auf die richtige Länge (je nach Größe der Kinder) zurechtgesägt, zwei für jede Gruppe. Aus dem gelben und dem roten Karton werden jeweils zwei Dreiecke geschnitten und mit dem Klebeband so aneinander gefügt, dass ein Quadrat entsteht. Die zweifarbigen Quadrate an den Fahnenstangen mit Reißzwecken befestigen.
Nun können die Gruppen versuchen, sich mit ihren Signalflaggen auf Sichtweite zu verständigen.

Papierschiffe, Dampfboote – und ein echtes Floß

Eine Flotte von verschiedenen Schiffen kann an den unterschiedlichsten Orten entstehen. Sie kann in der Badewanne vom Stapel laufen, auf einem kleinen Bach schwimmen oder einfach über den Tisch oder Boden geschoben werden.

Rindenkahn

Material: Rindenstücke von Eichen oder Kiefern, Äste, Blätter oder Papier, Messer
Alter: ab 5 Jahren mit Anleitung

Dicke Rindenstücke von gefällten Bäumen werden vorsichtig abgelöst und so zugeschnitten, dass Bootsformen entstehen. Die Schiffe etwas aushöhlen, mit einer zusätzlichen Vertiefung in der Mitte. Hier wird ein Ast als Segelmast eingesetzt und mit einem Blatt Papier oder einem großen Blatt aufgetakelt. Das Blatt unten und oben durch den Mast führen und locker anbringen, damit der Wind das Segel richtig erfassen kann. Nun können die Rindenboote auf einem Teich oder in der Badewanne ausgesetzt werden.

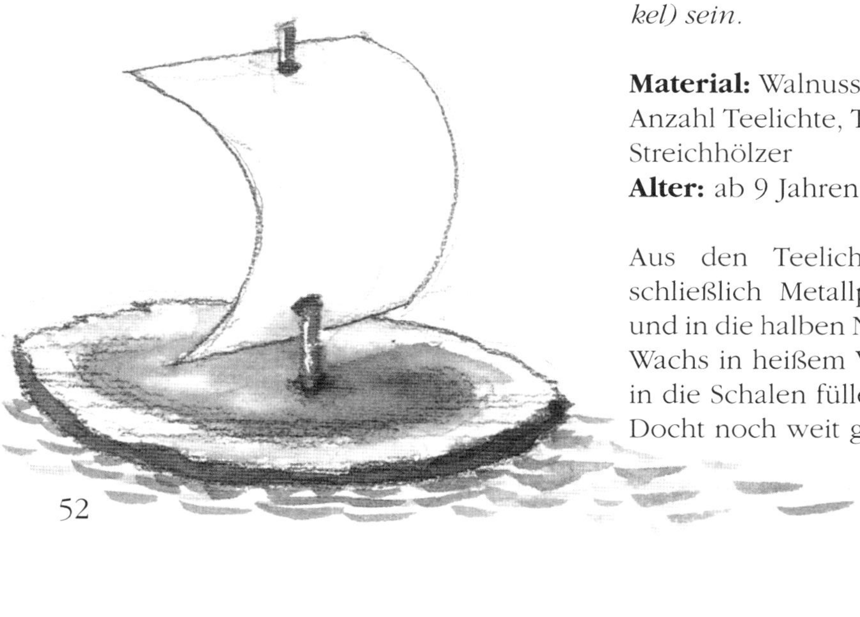

Leuchtschiffe

„Feuerschiffe" hießen die an gefährlichen Stellen, oft an Flussmündungen, verankerten Schiffe. Sie waren mit starken Leuchtfeuern und Signalapparaten bestückt, damit konnten sie den von See hereinkommenden Schiffen bei Nacht und Nebel den richtigen Weg weisen. Häufig waren auf den Feuerschiffen auch Lotsen stationiert.
Eine kleine Flotte dieser Leuchtschiffe kann auf einer Schale Wasser schwimmen und so eine stimmungsvolle Dekoration für das Piratenfest abgeben. Besonders eindrucksvoll ist aber eine Fahrt auf einem kleinen Teich oder Bach. Dazu sollte es möglichst windstill (und natürlich dunkel) sein.

Material: Walnussschalen, entsprechende Anzahl Teelichte, Topf mit heißem Wasser, Streichhölzer
Alter: ab 9 Jahren

Aus den Teelichten die Dochte einschließlich Metallplättchen herausziehen und in die halben Nussschalen stellen. Das Wachs in heißem Wasser aufweichen und in die Schalen füllen. Aufpassen, dass der Docht noch weit genug heraussteht!

Papierschiff

Wer ein Papierschiff falten kann, hat auch schon gelernt, einen Helm aus Papier zu machen, der – quer aufgesetzt – zum Admiralshut für den Schiffskommandanten wird. Die Papierschiffchen sind sogar in der Badewanne seetüchtig. Aber Vorsicht: Für einen Stapellauf in echtem Wasser kein Zeitungspapier verwenden!

Material: Zeitungspapier oder DIN-A4-Bogen
Alter: ab 7 Jahren

Das rechteckige Stück Papier in der Mitte falten (1), die Ecken zur Mitte hin umbiegen (2, 3). Den unten entstandenen Rand vorn und hinten nach oben falten (4). Wer jetzt aufhört, hat einen Papierhut.
Für das Schiff werden die „Hut"ecken aneinandergedrückt, so dass ein Quadrat entsteht (5). Dabei zeigen die offenen Spitzen nach unten. Die beiden Spitzen a und b nach oben zu einem Dreieck falten (6), c und d so zusammendrücken, dass ein kleineres Quadrat entsteht. Wenn die oberen Spitzen jetzt nach außen gezogen werden (7) ist das Schiff fertig. Zur bessern Stabilität kann es am „Kiel" noch etwas auseinandergezogen werden.

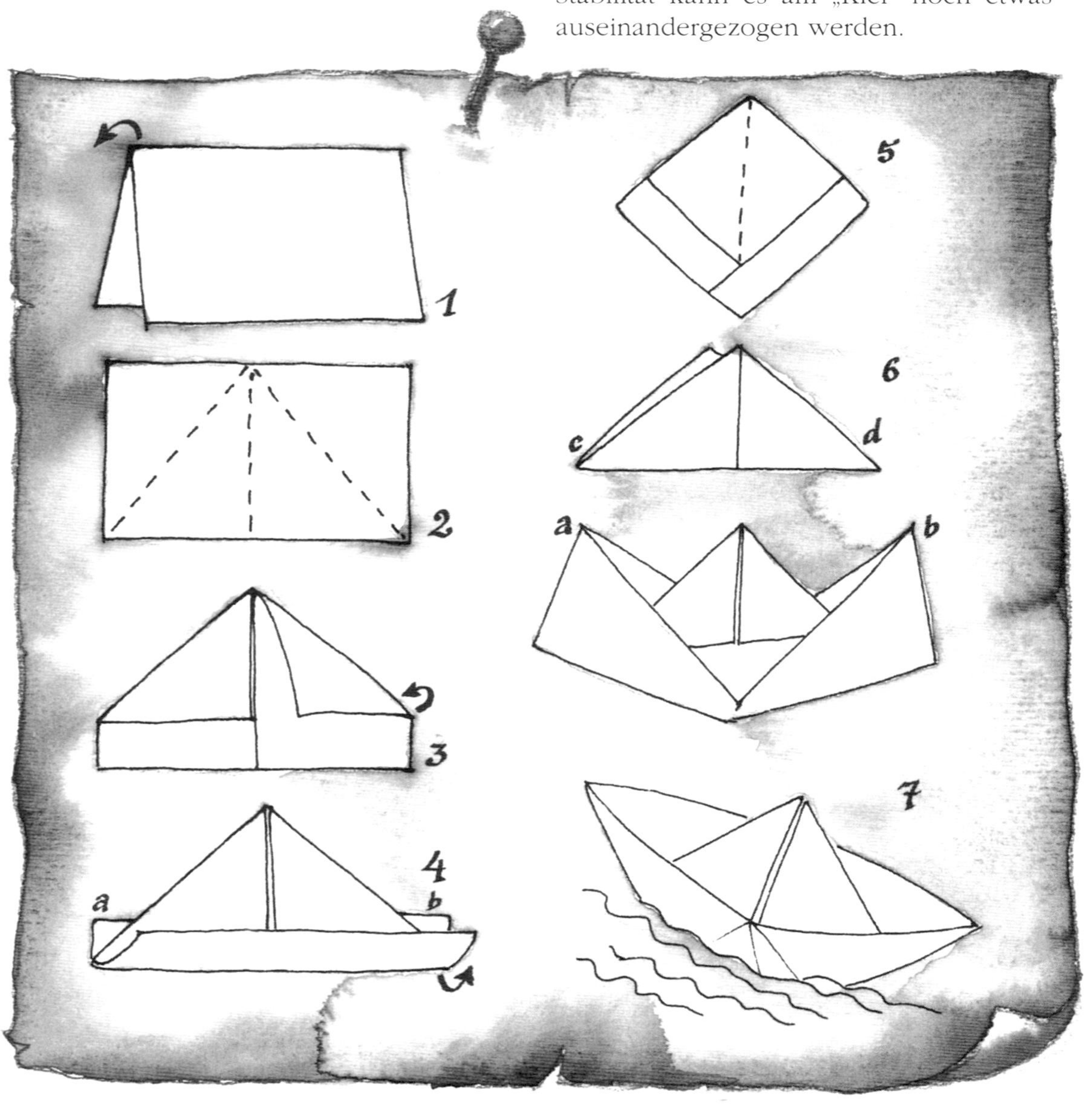

Dampfschiff

Jahrtausende lang waren die Seefahrer von Ruderkraft oder dem günstig stehenden Wind abhängig. Mit der Erfindung der Dampfmaschine änderte sich das: Ein Kohle- oder Holzfeuer erhitzt Wasser in einem Dampfkessel . Der heiße Dampf dehnt sich aus und bewegt Zylinderkolben, die mit einer Radachse verbunden sind. Von dieser Achse werden Schaufelräder angetrieben, die das Schiff vorwärts schieben. Der Beginn der Dampfschifffahrt kann mit der folgenden einfachen Konstruktion nachgestellt werden.

Material: Holzbrettchen 12 x 6 cm., 4 Nägel, 1 großes Ei, 1 Teelicht, Wasser, Hammer, Streichhölzer, Stecknadel, Wachs
Alter: ab 9 Jahren

Die Nägel so in das Brettchen schlagen, dass ein Ei darauf und ein Teelicht darunter Platz haben (s. Abb.). Das Ei ausblasen, ein Loch mit Wachs verschließen, das andere mit der Stecknadel erweitern und vorsichtig Wasser einfüllen. Das Wasser muss unterhalb der Öffnung stehen. Das Ei auf die Nägel setzen und das Teelicht anzünden. Wenn sich das Wasser erhitzt hat, treibt der Wasserdampf per Rückstoß das Schiffchen vorwärts.

Floß aus Baumstämmen

Immer wieder wird berichtet, dass Piratenkapitäne Ungehorsam, Feigheit oder Betrug auf dem Schiff mit grausamen Strafen geahndet haben. Vieles gehört wohl ins Reich der Legende. Und bei den Piraten wurde die Mannschaft wesentlich menschlicher behandelt als bei der Handelsmarine oder auf den Kriegsschiffen. Häufig wurden allerdings Männer, die gegen wichtige Regeln verstoßen hatten, auf einer unbewohnten Insel ausgesetzt und ihrem Schicksal überlassen. Manchem ist es gelungen, mit einem primitiv zusammengezimmerten Floß und günstiger Strömung wieder bewohntes Land zu erreichen.

Material: Mehrere Baumstämme (je nach Dicke) von ca. 2,50 m Länge, und für
Floß 1: 3 dicke Dachlatten von je 1,90 m Länge, Rolle dickes Seil, ca. 15 m lang; Messer, Bügelsäge
Floß 2: 2 Dachlatten oder Stangen von je 1,90 m Länge, 1 dicke Dachlatte von ca. 3 m Länge; Messer, Axt, Bügelsäge, lange Nägel, Hammer
Alter: ab 10 Jahren mit Anleitung

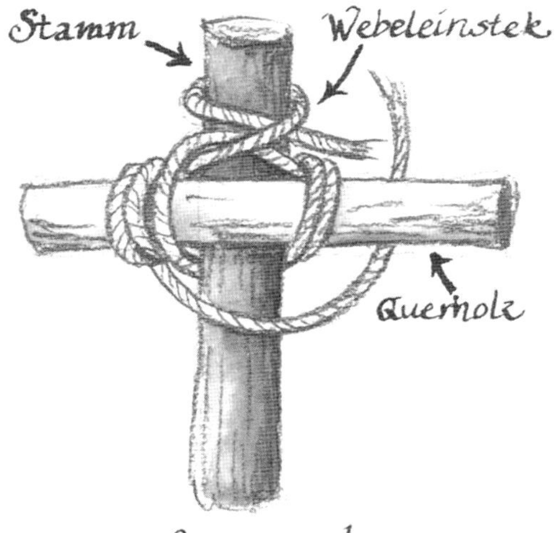

Der Kreuzbund

Die Baumstämme können entweder im Wald (mit dem Förster oder dem Jagdpächter absprechen!) oder in einem Sägewerk besorgt werden. Baumstämme von Ästen befreien und mit der Säge auf eine gleichmäßige Länge von 2,50 m bringen. Die Hölzer auf einer Breite von 1,50 m nebeneinander legen.
Floß 1: Die drei Dachlatten (Baumarkt) vorne, hinten und in der Mitte quer zu den Baumstämmen legen und mit den Seilen befestigen. Dazu wird das Seil zunächst am Stamm mit einem Webeleinenstek (s. S. 90), dann das Querholz mit dem „Kreuzbund" befestigt (s. Abbildung).

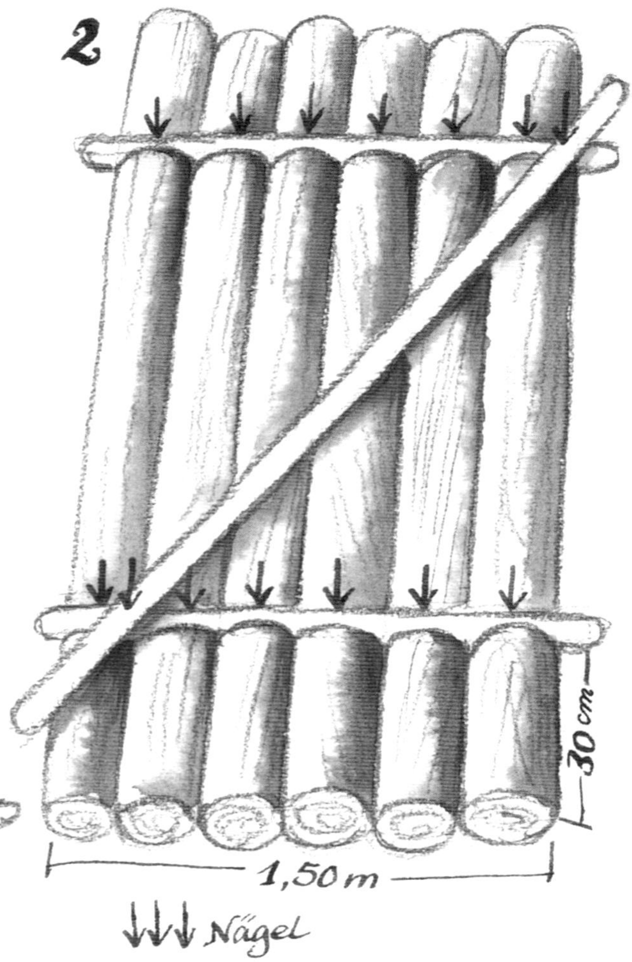

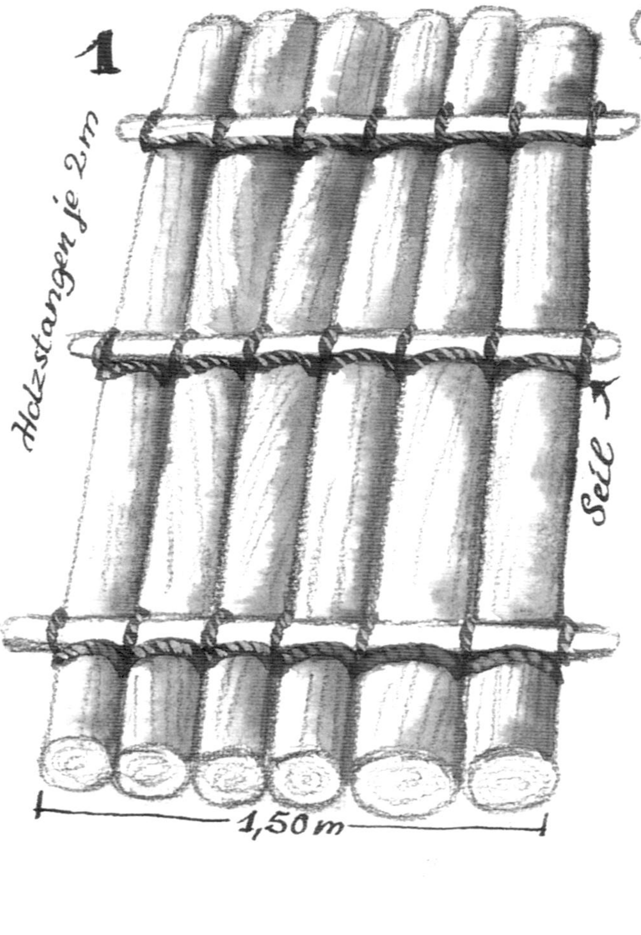

Floß 2: Die Stämme ca. 30 cm von den Enden entfernt mit Axt oder starkem Schnitzmesser so einkerben, dass die beiden Dachlatten hineinpassen. Die Querstangen zusätzlich annageln. Die 3 m lange Dachlatte quer längs über das Floß legen und ebenfalls festnageln.

Das Floß wird mit langen Stangen fortbewegt und gesteuert. Wenn das Floß zu Wasser gelassen wird, sollten einige Regeln beachtet werden:

- auf keinen Fall überladen
- nur in seichten Gewässern fahren
- nur sichere Schwimmer mitnehmen

Sauerkraut, Grütze und Erbsbrei

Sauerkraut

Zutaten: Auf je 1 kg Weißkohl kommen 20 g Salz, 3 g Kümmel, eventuell 10 g Zucker, 1 großer irdener oder hölzerner Topf; nach Geschmack Äpfel, Zwiebeln, Pfefferkörner, Wacholderbeeren,

Zubereitung: Fürs Einlegen kleine, feste Köpfe mit dünnen Rippen nehmen. Den Weißkohl putzen und fein hobeln. Mit Salz und Kümmel mischen; Zucker dann zugeben, wenn die Kohlköpfe bei kaltem Regenwetter geerntet worden sind und selbst wenig Zuckergehalt für die Gärung haben. Der gründlich gesäuberte Topf wird mit einer Lage Blätter ausgelegt, dann kommt die erste Schicht Kohl. Feststampfen, bis sich Saft bildet. Darauf werden weitere Schichten, nach Geschmack mit Apfelscheiben und Gewürzen, verteilt, bis der Topf zu 80 Prozent gefüllt ist. Nun werden große Kohlblätter, Holzbrettchen und Steine zum Beschweren aufgelegt. Der Kohlsaft soll immer ca. 10 cm. über dem Kraut stehen. Deckel aufsetzen und den Topf zwei Tage – nicht länger! – warm (20 – 22 Grad) -stehen lassen. In den nächsten 2 – 3 Wochen bei ca. 15 Grad stehen lassen. Anschließend für 2 – 4 Wochen im kühleren Keller lagern. Nach sechs Wochen frühestens darf gekostet werden. Wenn Sauerkraut entnommen wird, immer darauf achten, dass ausreichend Flüssigkeit vorhanden ist, eventuell abgekochtes, leicht gesalzenes Wasser nachgießen.

Sauerkraut hat einen hohen Vitamin-C-Gehalt. Deshalb ist es roh (mit der Flüssigkeit) am gesündesten. Wohlschmeckend und besonders vitaminreich sind auch die beiden Sauerkrautsalate:

Sauerkrautsalat mit Ananas

Zutaten: 250 g Sauerkraut, 1 Apfel, 1 Scheibe Ananas, 1 Tl Zitronensaft, Saft einer halben Zitrone, 1 El Öl, Kräutersalz, Petersilie, etwas Sahne nach Geschmack

Zubereitung: Sauerkraut zerpflücken, geriebenen Apfel und in Stücke geschnittene Ananas dazugeben. Mit Zitronensaft beträufeln. Salatsoße aus Öl, Zitronensaft, Kräutersalz, evtl. Sahne zubereiten und untermischen. Mit gehackter Petersilie bestreuen.

Sauerkrautsalat mit Möhren

Zutaten: 250 g Sauerkraut, 2 Möhren, 1 Apfel, 1 Cornichon (kl. Gewürzgürkchen), 1 kl. Zwiebel, 1 Apfelsine, 2 El Öl, 2 El Zitronensaft, Kräutersalz; nach Geschmack Meerrettich und süße Sahne

Zubereitung: Möhren und Apfel hobeln, saures Gürkchen und Apfelsine in Würfel schneiden und alles mit dem zerpflückten Sauerkraut gut vermischen. Soße aus Zitronensaft, Öl und Kräutersalz dazugeben, nach Belieben auch noch mit etwas Meerrettich und süßer Sahne abschmecken.

Süße und salzige Grützen

Grütze war ein Grundbestandteil der Nahrung in Europa, bevor sich mit der Entdeckung Amerikas allmählich die Kartoffel als Grundnahrungsmittel durchsetzte. Grütze ist eigentlich ein Brei aus Getreideschrot, aber auch Buchweizengrütze war sehr beliebt. Die Grützen wurden mit frischen Kräutern gewürzt oder mit Honig gesüßt.

Salziger Haferbrei

Zutaten: 200 g Haferflocken, 1¼ l kaltes Wasser, Salz, Schmalz (für Vegetarier: Zwiebelschmalz), 1 Zwiebel, Petersilie

Zubereitung: Haferflocken, möglichst frisch aus der Flockenquetsche, in kaltes Salzwasser geben und 25 – 30 Minuten unter ständigem Rühren kochen. Zwiebel in Ringe schneiden, in Schmalz rösten und über den Haferbrei schütten.

Süßer Haferbrei

Zutaten: 200 g Haferflocken, 1¼ l Milch, Butter, Zucker; Vanille, Zimt, frisches Obst und süße Sahne nach Geschmack

Zubereitung: Butter, Haferflocken und Milch unter ständigem Rühren 25 – 30 Minuten kochen, den fertigen Brei auf Tellern verteilen, jeweils einen Stich Butter dazugeben und mit Zucker, eventuell auch mit Zimt und Vanillepulver bestreuen. Der Brei kann auch mit süßer Sahne und frischem Obst serviert werden.

Buchweizenbrei

Zutaten: ½ l Wasser, 250 g Buchweizen, 2 El Öl, Muskat, Oregano, Kräutersalz, Knoblauch, Pfeffer , 1 Zwiebel, Käse; bei süßer Grütze Honig, Rosinen, Zimt, Haselnüsse

Zubereitung: Buchweizen in das kochende Wasser streuen. Dann 5 Minuten bei kleiner Flamme köcheln. Die klein gehackte Zwiebel in Öl dünsten und mit den Gewürzen und dem Knoblauch in den Brei geben. Umrühren und bei ausgeschaltetem Herd 15 Minuten quellen lassen. Mit geriebenem Käse bestreuen.
Bei der süßen Variante wird der in Wasser gegarte Buchweizenbrei mit Honig, Rosinen, Zimt, Haselnüssen – nach Belieben auch mit ein bisschen Sahne – abgeschmeckt.

Erbsbrei

Zutaten: 500 g Trockenerbsen, 2 l Wasser, Salz, Zwiebeln, Gewürz- oder Salzgurke

Zubereitung: Die Erbsen in dem Wasser über Nacht einweichen. Mit dem Einweichwasser weichkochen, salzen. Durch ein Sieb streichen. Entweder zum klassischen Labskaus servieren (S. 98) oder als extra Mahlzeit mit gebräunten Zwiebelringen und wahlweise mit Salzgurke (für die Zeit typisch, aber für Kinder heute ungewohnt) oder Gewürzgurke servieren.

Seemannsgarn

Dieses Lied und noch viel mehr Musik und tolle Geschichten aus der Seemannskiste gibt es auf dem Tonträger (MC oder CD, s. Anhang, S. 130)

1.
Ich hab die ganze Welt bereist,
auf Schiffen groß und klein.
Man nennt mich „Käpt'n Donnerschlag",
denn ich bin hundsgemein.
Hab tausend Kämpfe überlebt,
weil ich der Stärkste bin,
und ging auch mal der Mast entzwei,
war das nicht weiter schlimm.

Refrain:
Tja, ich könnte noch so viel erzähl'n,
doch ich hab jetzt keine Zeit.
Mein Schiff fährt ab, die Zeit wird knapp,
tja – es tut mir wirklich leid.

2.
Von Grönland bis nach Panama
hab ich die Welt geseh'n.
kann fließend hundert Sprachen
sprechen,
kann jeden Mensch' versteh'n.
Ja, ich bin das größte Sprachgenie,
ich krieg es sogar hin,
dass ich mit den Fischen sprechen kann
oder mit 'nem Pinguin.

3.
Am Nordpol traf ich einen Wal,
zweihundert Meter groß,
der fragte: „Machen wir ein Rennen?"
Und ich sagte: „Denn mal los!"
Fast vierzehn Tage sausten wir
die Meere runter und rauf,
doch kurz vor Südamerika
gab der Wal entkräftet auf.

4.
Die Südsee ist ein Paradies,
an 'nem geheimen Platz
hab ich auf 'ner Insel viel Gold vergraben:
ein echter Wahnsinnsschatz!
Der ganze Kram wiegt tonnenschwer,
und ich befürchte fast,
die Insel säuft vielleicht bald ab
von dieser großen Last.

5.
In einem Hafen hörte ich,
soll es immer noch Landratten geben,
die nichts von dem glauben,
was ich erzähl.
Na, die können von mir was erleben!
Wenn ich die fange, dann gute Nacht,
zur Strafe müssen sie dann
als Ruderer auf mein Schiff, und dann
geht's
quer über'n Ozean!

Text: Rudi Mika
Musik: traditionell

Kilikier, Barbaresken, Kariben – eine kleine Geschichte der Seeräuberei

„I. Jeder Mann hat in Angelegenheiten von Bedeutung die gleiche Stimme. Er hat Anspruch auf einen gleichen Anteil an frischem Proviant und starken Getränken, wann immer diese erbeutet werden. (...)
II. Jeder Mann soll anständig der Reihe der Musterrolle nach an Bord von Prisen gerufen werden, weil jedem über seinen Anteil hinaus ein Kleiderwechsel zusteht. Aber wenn sie die Gemeinschaft auch nur um den Wert eines einzigen Dollars an Tafelsilber, Juwelen oder Geld betrügen, so sollen sie auf einer Insel ausgesetzt werden. (...)
IX. Keiner der Männer darf davon ausgehen, das Piratenleben aufzugeben, ehe nicht jedermann einen Anteil von 1000 Pfund hat. (...)
X. Der Kapitän und der Quartiermeister erhalten jeweils zwei Anteile von der Beute, der Geschützmeister und der Bootsmann einen und einen halben Anteil, alle anderen Offiziere einen und einen Viertel und gemeine Männer von Vermögen je einen Anteil. (...)“

(Aus den Piratenartikeln auf dem Schiff von Bartholomew Roberts,
Anfang des 17. Jahrhunderts)

Seeräuber gibt es so lange, wie Schiffe über Flüsse und Meere Handelswaren transportieren. Oder, wie Mephisto in Goethes „Faust“ sagt: „Krieg, Handel und Piraterie, dreieinig sind sie, nicht zu trennen.“ Bei den Seeräubern wurde die Mannschaft oft sehr viel besser behandelt als auf den Handels- oder Kriegsschiffen. Das mag auch daran gelegen haben, dass manche Seeräuberkapitäne ihre Beute raltiv gerecht aufteilten und auch sonst für weitgehende Gleichberechtigung auf dem Schiff sorgten. Das zeigt der Auszug aus der Verfassung, die der berüchtigte karibische Seeräuber Bartholomew Roberts seinen Schiffen gegeben hat. Einige weitere Beispiele sollen im folgenden die Geschichte der Seeräuberei illustrieren.

Die ersten Seeräuber, über die wir etwas wissen, stammen von der Südküste der heutigen Türkei. Sie werden in einem Brief erwähnt, der ca. 1350 vor unserer Zeitrechnung in ein ägyptisches Tontäfelchen geritzt wurde. Im Land der Pharaonen wurde diese Gegend „Lukki“ genannt. Sie spielte auch rund 1300 Jahre später die zentrale Rolle bei einer Aktion, die gemeinhin als Ende der Seeräuberei im Altertum bezeichnet wird.
Das Land hieß inzwischen Kilikien und war schon lange römische Provinz. Trotzdem setzten die Bewohner die Tradition ihrer Vorfahren fort und lebten vor allem vom Verkauf erbeuteter Schiffsladungen und gefangen genommener Schiffsbesatzungen, die sie auf den Sklavenmärkten feilboten.

Die Kilikier tauchten schließlich mit ihren schnellen und wendigen Schiffen sogar vor den Küsten Italiens und Siziliens auf. Bei einer ihrer Aktionen wurde der junge Gaius Julius Caesar gefangen genommen.. Er verhielt sich sich offensichtlich so kaltblütig, dass die Seeräuber auf sein Angebot eingingen: Er hatte ihnen ein Lösegeld von 50 Talenten – eine riesige Summe – angeboten, die aber erst beschafft werden mussten. Nach Zahlung des Lösegeldes ließen sie ihn frei. Daraufhin organisierte er eine kleine Streitmacht, spürte die Kilikier in ihrem Schlupfwinkel auf und nahm ihnen das Geld wieder ab.
Der römische Statthalter hatte ihm zwar Schiffe und Männer für die Verfolgung zur Verfügung gestellt, weigerte sich aber, die Seeräuber zu bestrafen. Offensichtlich fürchtete er Vergeltungsmaßnahmen der Kilikier, die inzwischen auf See so mächtig geworden waren, dass sie sogar römische Städte überfielen und die Versorgung Roms mit ägyptischem Getreide gefährdeten. 67 vor unserer Zeitrechnung stattete der römische Senat seinen Konsul Gnaeus Pompeius mit einer riesigen Flotte und Zehntausenden von Soldaten aus. Diesem Pompeius verdanken wir nach der Überlieferung den Spruch: „Schifffahrt treiben ist notwendig, leben ist nicht notwendig" („navigare necesse est, vivere non est necesse"). Pompeius, ein erfolgreicher Feldherr zu Land, kannte sich mit Schiffen und Seekriegen nicht aus. Er wusste aber, dass Roms Rolle als Weltmacht erst dann endgültig gesichert sein würde, wenn er die Bedrohung der Schifffahrtswege durch die Seeräuber beenden konnte.
Mit dem für römische Heerführer typischen organisatorischen Geschick löste Pompeius die Aufgabe innerhalb kürzester Zeit. Er teilte das Mittelmeer in einzelne Bezirke auf, in denen er seine 500 Schiffe systematisch die Piraten jagen ließ. Nach nur zwei Monaten waren die Seeräuber vernichtend geschlagen, ihre Schlupfwinkel und Städte zerstört. Die römischen Geschichtsschreiber berichten von 20000 Gefangenen, die im Binnenland angesiedelt wurden.
Nach der Ermordung von Caesar und Pompeius stützte sich im folgenden Bürgerkrieg ein Sohn dieses Feldherrn, Sextus Pompeius, ausgerechnet auf die Nachkommen der sesshaft gewordenen Piraten und eroberte bald mit seiner Flotte die Mittelmeerinseln Sizilien, Korsika und Sardinien. Er war so mächtig geworden, dass er seinem Gegenspieler Octavian (dem späteren Kaiser Augustus) eine Friedensvereinbarung abtrotzen konnte. Als er aber wieder italienische Städte überfiel, lief eine römische Flotte mit neu erbauten Schiffen und einer überlegenen Ausrüstung aus und schlug die Piraten vernichtend.

Zwischen dem 7. und dem 10. Jahrhundert tauchten Männer aus dem Norden auf und verbreiteten Angst und Schrecken. Die Normannen („Nordmänner") oder Wikinger beherrschten die Nord- und die Ostsee. Ihre Schiffe, schlank geschnitten und mit flachem Boden, waren ungeheuer schnell und beweglich. Sie konnten auch über Land gezogen werden, so dass die Wikinger über die Flüsse tief ins Landesinnere zum Beispiel von Frankreich eindringen konnten. Ihre Eroberungsfeldzüge sollen besonders grausam gewesen sein, und lange Zeit galten sie als primitive Seeräuber. Diese Bewertung dürfte allerdings vor allem daran liegen, dass die Wikinger selbst nur wenige schriftliche Zeugnisse hinterlassen haben und die Berichte von ihren Gegnern stammen.
Die Überfälle der Normannen endeten, als sie vor allem in Mittelengland und in Nordfrankreich („Normandie") sesshaft geworden waren.

Strandrecht und Prisenordnung

Seit dem Mittelalter gab es für Kaperfahrer, also Seeräuber, die im offiziellen Auftrag einer Stadt- oder Landesregierung Schiffe überfielen, feste Regeln. Ein offizielles Prisengericht entschied, ob Beute als feindlich oder neutral anzusehen war.
Manche Kaperschiffe waren mit dem Geld von reichen Bürgern ausgerüstet worden. Heute würde man sagen, diese Bürger hatten Risikokapital eingesetzt, das bei Erfolg eine hohe Rendite versprach. In den Prisenordnungen wurde genau bestimmt, welchen Anteil an der Beute der Landesherr oder die Stadt erhielt, die den Kaperbrief ausgestellt hatte; das war in der Regel die Hälfte. Der Rest verteilte sich auf Kapitalgeber, den Schiffer (Kapitän) und die Mannschaft.

Schon lange vor Störtebeker und Co. bereicherte sich eine andere Sorte Räuber an Schiffern und ihrer Ladung: die Strandräuber. Sie konnten ihre erfolgreichen Plünderungen an den norddeutschen Küsten bis ins 19. Jahrhundert betreiben. Und auch für sie gab es ein festes Regelwerk.
Ein altes Recht erlaubte den Küstenbewohnern, alle Gegenstände zu behalten, die vom Meer an Land gespült wurden. Das galt auch für gestrandete Schiffe und deren Ladung. Kein Wunder, dass viele arme Fischer, bald aber auch jütländische und holsteinische Grafen, denen Land an der Küste gehörte, dem Schicksal ein wenig nachzuhelfen versuchten.
Leuchtfeuer wurden gelöscht oder versetzt, um ein Schiff in eine gefährliche Strömung oder in seichte Gewässer zu locken. Lotsen und Kapitäne machten mit den Strandräubern gemeinsame Sache und führten Schiffe in die Irre. Bald wurde das System ausgeweitet: Die Strandräuber schickten – genauso wie ihre seefahrenden Kollegen – Kundschafter in die Hafenstädte, die nach lohnender Beute Ausschau hielten.

Fehlgeleitete Schiffe konnten getrost sich selbst überlassen werden. Das mittelalterliche Strandrecht wurde zwar unterschiedlich gehandhabt, regelte aber immer eindeutig den Anspruch der Küstenbewohner auf Schiff und Ladung.
Nur überlebende Schiffbrüchige konnten ihr Hab und Gut behalten. Da war es fast folgerichtig, dass die Küstenbewohner zumindest jede Hilfe unterließen, häufig sogar die Überlebenden erschlugen, um das Strandgut mit niemandem teilen zu müssen.
Die Ausplünderung der Schiffbrüchigen wurde auch von vielen Geistlichen unterstützt: Sie beteten für einen „gesegneten Strand". Wie „gesegnet" vor allem die Westküste der dänischen Halbinsel Jütland war, lässt sich noch einer Karte aus dem 19. Jahrhundert entnehmen. In einem Zeitraum von 30 Jahren sind dort Hunderte von Stellen verzeichnet, an denen Schiffe „verloren gingen".
Selbst überlebende Schiffbrüchige mussten in manchen Gegenden einen Teil ihrer geretteten Ladung abgeben. So fiel nach dem Strandrecht in Schleswig aus dem Jahr 1444 ein Drittel des Wertes an den Herzog. Um ihre Ansprüche zu sichern, setzten die Herzöge eigens Strandvögte ein.
Erbeutete Kostbarkeiten aus gestrandeten Schiffen sind heute noch an vielen Küsten in den örtlichen Museen, teilweise auch in den Kirchen zu sehen.

Der Pirat der Königin

Welche Karriere ein entschlossener Mann machen konnte, dem gleichzeitig noch das Glück zur Seite stand, dafür ist Francis Drake das bekannteste Beispiel. Er stammte aus Devon, einem südenglischen Landstrich, aus dem schon Generationen zur See gefahren waren und manche wohl auch als Seeräuber überlebt hatten.
Nach der Entdeckung und Eroberung Mittel- und Südamerikas ließen die spanischen Könige die Reichtümer der Neuen Welt unter strengster Geheimhaltung und starker Bewachung nach Europa schaffen. Francis Drake hatte es, gemeinsam mit seinem älteren Vetter John Hawkins, auf diese Schätze abgesehen.

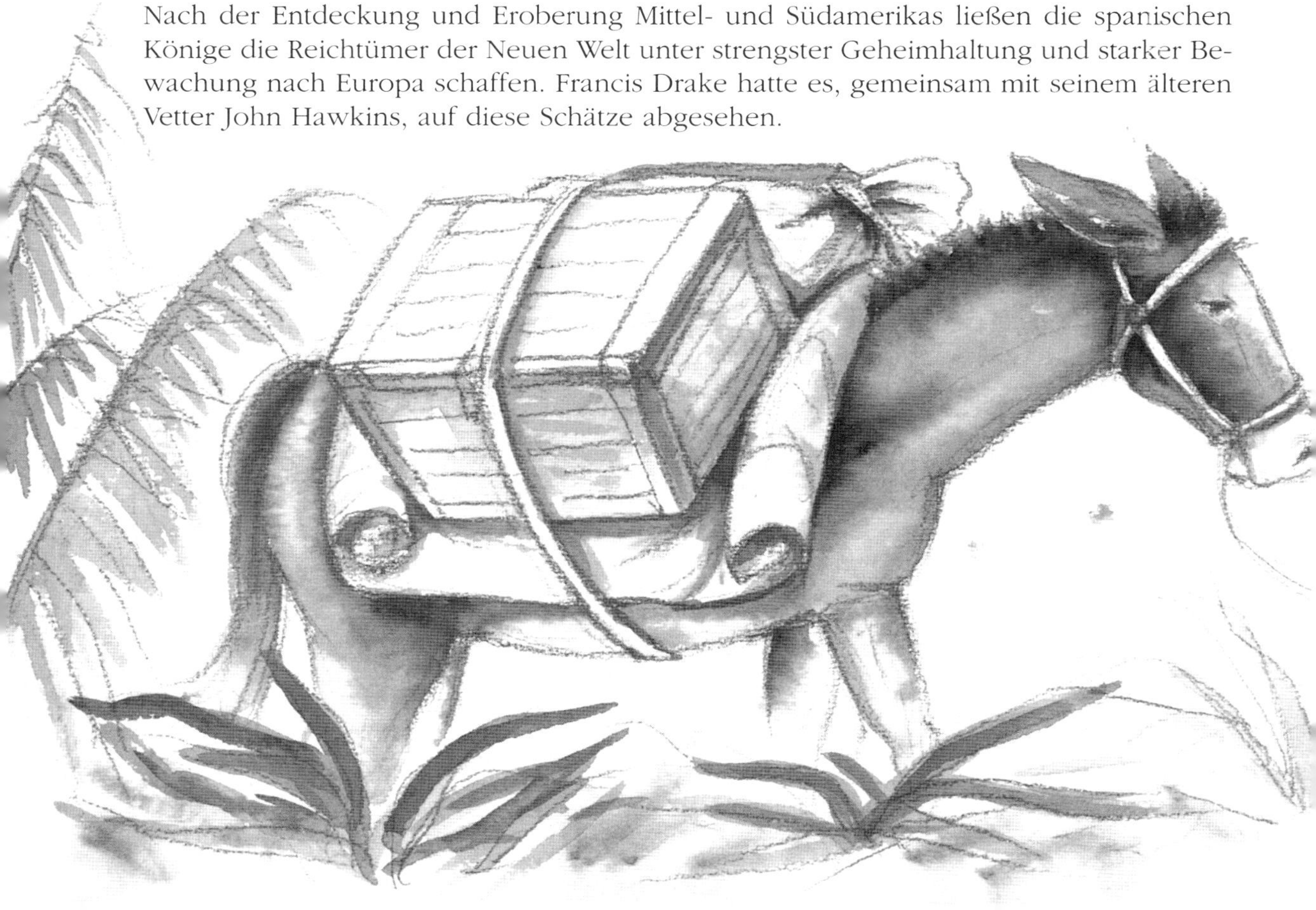

Bei einem erster Versuch kamen die beiden Abenteuerer gerade noch mit dem Leben davon. Drake startete im Jahr 1972 erneut von England aus und stieß mit Glück und der Hilfe von Eingeborenen im heutigen Panama in Mittelamerika auf eine spanische Schatzkarawane. Nach schweren Kämpfen erbeuteten die Überlebenden über hundert Maultiere, beladen mit Gold- und Silberbarren. Die erschöpften Engländer konnten nur einen Teil der Schätze mit sich schleppen und nach England schaffen.
Für die nächste Expedition in die Neue Welt erhielt Drake vier Jahre später Unterstützung von der englischen Königin Elizabeth I. Seine fünf Schiffe hatten den Stillen Ozean zum Ziel, und dazu musste Francis Drake als zweiter Kapitän nach dem Portugiesen Magellan die Spitze von Südamerika umsegeln. Vor der Küste von Chile konnte er in einem Überraschungsangriff mit seinem kleinen Schiff – die anderen waren in Stürmen verloren gegangen – ein mächtiges spanisches Schatzschiff entern und Edelsteine, Gold und Silber erbeuten. Mit der Hilfe von zwei erfahrenen Steuerleuten, die ihm auf einem weiteren spanischen Schiff in die Hände fielen, schaffte das mit den Schätzen fast überladene englische Schiff die Heimkehr über den Stillen Ozean und um Afrika herum.
Bei der Rückkehr in den Hafen von Plymouth bemühte sich die englische Königin höchstpersönlich auf das Schiff und schlug Drake zum Ritter.
Sir Francis Drake nahm auch, im Rang eines Vizeadmirals, wenige Jahre später an der berühmten Seeschlacht gegen die spanische Armada teil. Dabei wurde die zahlenmäßig überlegene spanische Flotte von den Engländern gezwungen, ihren Rückzug an der englischen Küste Richtung Norden anzutreten, wo die meisten Schiffe in den schweren Herbststürmen zerschellten.
Sir Francis Drake starb 1596 auf einer weiteren Kaperfahrt in die Karibik.

Knapp hundert Jahre früher hatten sich zwei Brüder mit einem kühnen Überfall auf zwei riesige päpstliche Galeeren hervorgetan. Horuk und Chaireddin wurden bald die bekanntesten Seeräuber des Mittelmeeres. Sie setzten die jahrhundertealte Tradition der „Barbaresken", der Seeräuber von der Berberküste Nordafrikas fort und eroberten Algier, wo Chaireddin sich nach dem Tod seines Bruders dem türkischen Sultan unterstellte und mit dessen Unterstützung zum Herrscher der Berberküste wurde. Tunis, Tripolis und Algier waren damals die Hochburgen der Piraten. Ihr Gewerbe war allgemein anerkannt, wer auf Beutefahrt gehen wollte, brauchte dazu eine staatliche Genehmigung. Auch hier nahmen die jeweiligen Herrscher für diese Erlaubnis einen Teil der Beute in Anspruch. Der Beutezug hieß „Corso", daraus leitete sich das später auch für andere Seeräuber gebrauchte Wort Korsaren ab.
Die Barbaresken waren nicht nur gefürchtete Seeräuber, sondern auch geschickte Diplomaten. Sie wussten die unterschiedlichen Interessen der europäischen Mächte für sich auszunutzen, so dass sie noch bis ins 19. Jahrhunderte ihrem Gewerbe realtiv unbehelligt nachgehen konnten. 1830 eroberte dann Frankreich die Algier und beendete die Herrschaft der Seeräuber.

Piraten gibt es allerdings bis in unsere Tage. Vor allem vor den Küsten Indonesiens, Thailands, Vietnams, aber auch Brasiliens werden immer wieder Überfälle registriert. Die Seeräuber sind häufig schwer bewaffnet und entführen ganze Tanker oder Containerschiffe.

Käpt'n Ant erzählt vom sagenhaften Orientschatz

Margarete hat sich gleich für den nächsten Tag wieder mit Klaus und Opa Hinnerk verabredet. Sie kann es kaum erwarten, noch mehr von den wunderbaren Geschichten zu hören, die der alte Kapitän so spannend zu erzählen weiß. Nachdem sie die Schänke geputzt hat, legt sie sich ein warmes Tuch um die Schultern und rennt zu ihrer Verabredung mit Klaus und Käpt'n Ant.

Die beiden Kinder sind diesmal besonders gespannt, weil Hinnerk ihnen versprochen hat, seine Abenteuer aus dem Morgenland zum Besten zu geben. Sie können sich gar nicht vorstellen, wo dieses sagenhafte Land liegen soll. Energisch klopfen sie an der Tür der Fischerhütte und schlüpfen auf das brummige „Herein!" schnell in die Stube.

Da hat Opa Hinnerk alle möglichen merkwürdigen Gegenstände auf dem Tisch ausgebreitet.

In der Mitte steht ein bauchiges Gefäß, aus dem eine Röhre nach oben führt; ganz oben sitzt eine verzierte Kugel, die fast wie ein kleiner Kopf aussieht. Aus dem „Bauch" kommt seitlich ein langer Schlauch heraus, der in einer Art Mundstück endet.

Daneben liegt ein dünnes, fast durchscheinendes blassgrünes Tuch, das mit seltsamen Zeichen bedeckt ist. Als es der alte Kapitän vorsichtig hoch hebt, erkennen sie darunter eine große Muschel, die in den schönsten Farben schimmert.

„Das ist leider alles, was mir von meiner Reise ins Morgenland geblieben ist." Hinnerk seufzt. „Kinder, wenn ich das alles mit nach Hause gebracht hätte, dann würde ich jetzt in einem der prächtigen Kaufmannshäuser am Markt wohnen und nicht in der ollen Fischerhütte hier."

„Aber da wüsste ich ja gar nichts von dir und von deinen vielen schönen Geschichten", wendet Klaus ein.

„Ist auch wieder wahr." Hinnerk legt das feine Tuch neben die Muschel und setzt sich in seinen Stuhl.

„Dann will ich euch mal erzählen, wie das so war mit den ungeheuern Schätzen des Morgenlandes. Und wie euer Käpt'n um ein Haar als reicher Mann von seiner großen Fahrt zurückgekehrt wäre."

„Ihr erinnert euch doch noch an das Seeungeheuer vor der spanischen Küste?" Wie hätten sie dieses Abenteuer vergessen können!
„Wir sind weiter gesegelt, durchs Mittelmeer ins Rote Meer. Im Laderaum hatten wir Pelze aus Russland und Schmuckstücke aus Bernstein von der Ostseeküste. Die wollten wir dort unten verkaufen. Und für die Rückfahrt sollten Gewürze aus dem fernen Asien geladen werden."
„Auch Pfeffer?" Margarete hat vor ein paar Wochen einen furchtbaren Streit im Hafen miterlebt. Der Kran hatte einen prallen Sack fallen gelassen, der war aufgeplatzt, und überall auf der Pier rollten die schwarzen Pfefferkörner umher. Der Kaufmann war rot angelaufen vor Wut und hatte dauernd gebrüllt: „Das bezahlt ihr mir! Das bezahlt ihr mir! Sonst bin ich ruiniert."
Und ihre Mutter hatte ihr erklärt, dass der Handelsherr mit dem Erlös aus dem Pfeffersack ihre ganze Wirtschaft kaufen könnte.

„Pfeffer, Ingwer und Zimt. Das kommt alles über den Landweg aus Asien. Ihr könnt euch nicht vorstellen, was die dort unten für komische Lasttiere haben. Viel größer als ein Pferd, mit einem Höcker, auf den die Lasten geschnallt werden. Ein braunes, zottiges Fell hat das Tier. Und schaukeln kann es auf seinen vier Beinen noch besser als ich." Hinnerk zwinkert den Kindern zu. Er weiß genau, wie die Leute ihn nennen.
„Weil dort gleich hinter der Küste das meiste Land nur noch aus Sand besteht, heißt es ‚Wüste', und zu diesen Lasttieren haben wir immer ‚Wüstenschiffe' gesagt.
Aber so harmlos, wie sich das jetzt anhört, ist diese Gegend wirklich nicht. An der Küste vor der großen Handelsstadt, im Persischen Golf, gibt es Völker, die von der Seeräuberei leben. Deshalb heißt sie bei uns auch die Seeräuberküste. Und weil so viele Schiffe mit kostbarer Fracht dort vorbeisegeln, sind die Wüsten-Fürsten auch ziemlich reich. Das hatten wir jedenfalls gehört.

Gefangen bei den Joamiten

Als wir schon zwei Tage mit unserer Ladung seltener Gewürze auf dem Rückweg waren, ist es dann passiert. Plötzlich waren wir von vier wendigen kleinen Schiffen umzingelt und viele braune Gestalten mit gekrümmten Schwertern enterten das Schiff. Wir konnten uns gar nicht richtig wehren, so schnell ging alles.
Wir liefen in einen fremden Hafen ein und staunten nicht schlecht, als wir erkannten, dass die ganze Stadt aus vielstöckigen Häusern bestand. Einige waren mindestens doppelt so hoch wie unser Rathaus, überall waren kleine, bunt gestrichene Säulen angebracht, die Fensterhöhlen hatten Rundbögen wie bei uns die Kirchen.
Die Männer tragen dort einfarbige Hosen

mit ganz weiten Beinen, und um den Kopf haben sie ein weißes Tuch mehrfach geschlungen. Das sieht fast so aus wie ein Verband. Frauen haben wir selten auf den Straßen gesehen, und wenn, dann konnten wir sie trotzdem nicht sehen. Sie sind nämlich vollständig verhüllt, und vor dem Gesicht haben sie einen Schleier.
Im Augenblick hatten wir aber ganz andere Sorgen. Die Joamiten, so nennen sich die Bewohner der Seeräuberküste, trieben uns zum Marktplatz. Ich dachte schon, wir sollen öffentlich geköpft werden. Oder aber, sie verkaufen uns als Sklaven an irgendeinen reichen Scheich.
Aber auf dem Marktplatz schrie der Anführer ein Kommando, und wir wurden eine gewundene Gasse hinaufgeführt. Oben auf dem Berg lag ein wunderbarer Palast, so schön, dass ich ihn gar nicht richtig beschreiben kann. Mitten in diesem wüsten Land lag hier ein riesiger Garten mit fremdartigen Bäumen und Tausenden von Blumen. Die Wachen machten ein Tor auf, das sich hinter uns sofort wieder schloss. Wir waren allein. Nach langer Zeit, die uns wie eine Ewigkeit vorkam, öffnete sich eine Seitentür, und ein hochgewachsener Mann kam mit einigen Begleitern auf uns zu. Seine Kleidung entsprach der Landessitte, nur war sie sehr viel kostbarer. Auf der Vorderseite seiner Kopfbedeckung leuchtete ein großer Rubin, und darüber war eine grünschillernde Feder angebracht, die bei jedem Schritt wippte.
Als ich den Mann genauer betrachten konnte, war ich völlig verblüfft: Er sah aus wie ein Engländer oder Schwede. Tatsächlich! Er sprach mich auf Englisch an. Das kann ich einigermaßen verstehen und auch sprechen, weil ich oft Ladung in London abgeliefert hatte.
‚Ich möchte mich entschuldigen, falls euch meine Leute zu hart behandelt haben. Eure Ware müssen wir leider beschlagnahmen. Wundert euch nicht über mein Aussehen und mein Englisch. Ich bin vor langer Zeit an dieser Küste in Gefangenschaft geraten und konnte den damaligen Herrscher bei einigen schwierigen Handelsgeschäften beraten. Nun bin ich selbst der Herr, Ibrahim II. Mein früherer Name tut nichts zur Sache.‘ Er verbeugte sich leicht.
‚Was habt ihr mit uns vor, Herr‘, fragte ich ihn.
‚Bist du der Kapitän, der gegen ein Seeungeheuer gekämpft hat? Dein Ruhm ist dir vorausgeeilt, und ich möchte mehr über deine Heldentaten wissen. Sei mein Gast, solange du mich unterhalten kannst.‘
Und so kam es, dass ich zum Geschichtenerzähler des Herrschers aller Joamiten aufstieg. Er war sehr zufrieden mit mir. Nachdem ich über meine wirklichen Erlebnisse berichtet hatte, erfand ich immer neue und abenteuerlichere Geschichten. Schließlich ging es uns gut bei dem englischen Scheich, und wer weiß, was mit uns passieren würde, wenn mir einmal nichts mehr einfiele. Am besten kam ich an, wenn die Handlung in England spielte. Vielleicht hat er ein bisschen Heimweh gehabt.

Ibrahim war so zufrieden mit mir, dass er mich eines Abends am Arm nahm und in einen dunklen Gang führte, der nur von einigen Fackeln erleuchtet wurde. Vor einer dicken, eisenbeschlagenen Tür machten wir halt, er schloss die vielen Schlösser mit den Schlüsseln auf, die er immer um den Hals an einer Kette trug. Dann nahm er eine der Fackeln von der Wand und leuchtete in die Kammer hinein.
Geblendet trat ich einen Schritt zurück. Riesige Kisten standen dort, mit offenen Deckeln, weil sie so voll Gold und kostbarem Schmuck waren, dass die Schätze

regelrecht herausquollen. Er forderte mich auf näher zu treten und zeigte auf eine kleinere Kiste, die mit Muscheln in den unterschiedlichsten Formen verziert war.
‚Hier werden die schönsten Perlen aufbewahrt, die meine Untertanen mir von ihrer Perlenfischerei verehrt haben. Du darfst dir eine Handvoll nehmen. Du hast mich gut unterhalten, aber ich möchte nicht zu oft an meine alte Heimat erinnert werden. Morgen kannst du mit deiner Mannschaft auslaufen. Viel Glück.'
Er gab mir ein feines Tuch aus Seide, das ist ein Stoff aus China, dem riesigen Reich im fernen Asien. Darauf legte ich die Perlen und verknotete das Tuch sorgfältig.
Am nächsten Morgen überreichte er mir noch ein Gerät, das er ‚Wasserpfeife' nannte. Aber man spielt darauf keine Musik, sondern legt in den Pfeifenkopf getrocknete Kräuter, die angezündet werden. Im Bauch der Wasserpfeife ist Wasser, und an dem Mundstück wird gesaugt – ein seltsam würziges und betäubendes Gefühl, kann ich euch sagen."

Opa Hinnerk erklärte den Kindern die einzelnen Teile der Wasserpfeife.
„Dann sind in dem schönen Tuch die Perlen gewesen?", fragt Margarete.
„Ja", bestätigt der Käpt'n. „Und im nächsten Hafen, den wir im Mittelmeer anliefen, waren sie verschwunden. Immerhin hat der Smutje mir das Tuch gelassen, als er die Perlen gestohlen hat. Sonst würde ich vielleicht denken, dass ich das alles nur geträumt habe."

Schmuck und Spiele aus Muscheln, Schnecken und Steinen

Muscheln und seltene Steine wurden in vielen Kulturen als Zahlungsmittel verwendet. Und auch heute noch schmücken sich Frauen nicht nur mit Perlen, sondern auch mit Muscheln, Korallen oder besonders schönen Steinen. Wenn Piraten von Beutezügen aus fernen Ländern zurückkamen, brachten sie auch wunderbar geformte, riesige Muscheln mit oder vielleicht eine Schmuckkassette, die mit Perlmutt verziert war.
Am Strand lassen sich die folgenden Vorschläge leicht umsetzen. Muscheln und Schnecken werden mit den Wellen an Land gespült. Deshalb wird die Suche nach stürmischem Wetter besonders erfolgreich sein.
Wer im Binnenland mit glitzernden Steinen und farbenprächtigen Muscheln spielen und basteln will, hat vielleicht vom letzten Urlaub am Meer noch ein großes Glas mit Fundstücken übrig; oder in der Bekanntschaft findet sich ein Spender. Muscheln, Schnecken und schöne Steine kann man heute auch in vielen Städten in speziellen Geschäften kaufen. Und wenn es nicht gerade ein Halbedelstein sein soll oder eine riesige Muschel aus der Südsee, ist das gar nicht so teuer.

Kette

Wer Glück hat, findet einen Stein mit einer Öffnung. Oder Muscheln mit einem kleinen Loch. Das erzählt vielleicht von dem Angriff einer räuberischen Schnecke. Die Nabelschnecke zum Beispiel sondert aus einer Drüse Schwefelsäure ab, die den Kalk der Muschelschale auflöst. Durch das so entstandene Loch steckt sie ihren rüsselartig geformten Mund und kommt an das Muschelfleisch.

Material: Muscheln, Steine und Schnecken, auch Bruchstücke; Zwirnsfaden, Nähnadel, kleiner Nagel, Hammer

Alter: ab 4 Jahren

Muscheln, Steine und Schnecken mit Löchern einfach auffädeln, den Zwirnsfaden verknoten. Fertig ist eine schöne Kette.
Schwieriger wird es, wenn erst Löcher gebohrt werden müssen. Besondes bei den Muscheln und Schnecken ist Vorsicht geboten, da sie leicht zerbrechen können. Den kleinen Nagel an der gewünschten Stelle ansetzen und leicht mit dem Hammer klopfen, bis ein kleines Loch entsteht. Jüngere brauchen dabei Hilfe!

Muschelgeld

Material: Muscheln und Schnecken
Alter: ab 3 Jahren

Am Strand finden sich ganz unterschiedliche Muscheln und Schnecken: Miesmuscheln, Bohrmuscheln, Plattmuscheln, Austern, Trogmuscheln, Gemeine Strandschnecken, Herzmuscheln, Turmschnecken. Susanne Szesny hat einige von ihnen gezeichnet.
Nach der Strandwanderung wird die Beute gesichtet. Seltene Muscheln sind besonders viel wert, Muscheln und Schnecken, die häufig vorkommen (z. B. Miesmuscheln), sind „Kleingeld“.

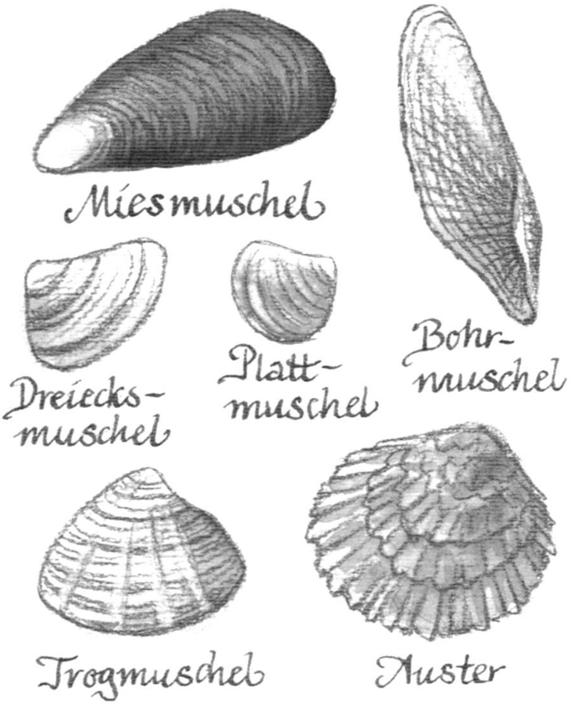

Strandspiel

Material: Steine, Schnecken, Muscheln, Stock

Alter: ab 4 Jahren

Zwei Spieler können mitmachen. Am Strand wird mit einem Stock ein Quadrat in den Sand geritzt und in 16 Felder unterteilt. In jedes Feld wird ein Stein oder eine Muschel oder eine Schnecke gelegt. Dann wird ausgelost, wer beginnen darf. Abwechselnd nehmen beide Spieler einen, zwei oder drei „Spielsteine" von den Feldern. Zwei oder drei „Steine" dürfen nur dann weggenommen werden, wenn sie in einer Linie – waagerecht oder senkrecht – liegen. Man muss also schon beim Legen gut überlegen, wo die Muscheln und Steine plaziert werden.

Variante: Im Binnenland werden entweder verschiedenartige Steine genommen (von denen aber einige untereinander ähnlich sein sollten) oder auch Rinden- und Holzstücke

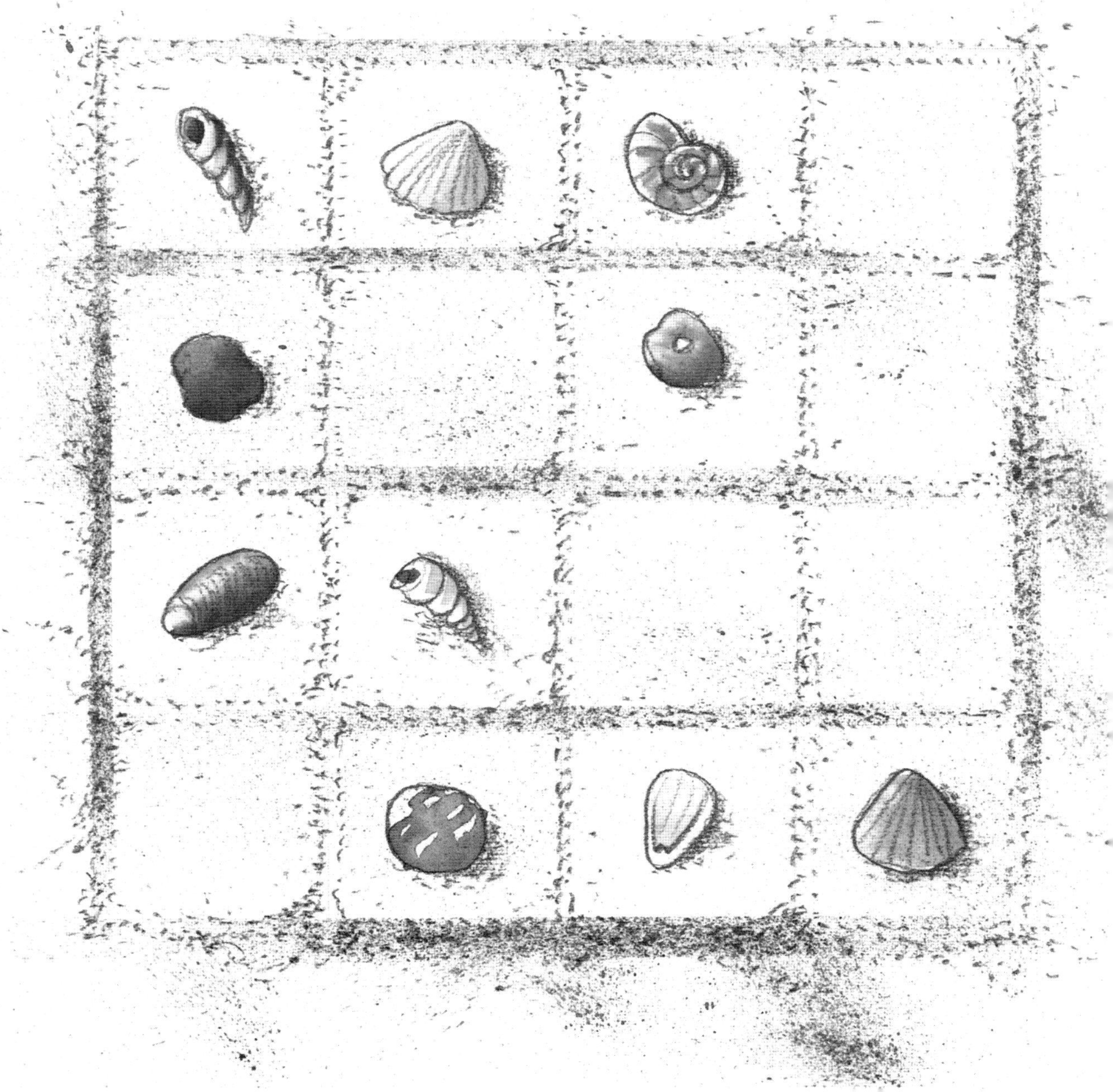

Kaperbrief und Schatzsuche

Kaperbrief

Material: Papier, Feder und schwarze Tinte, rote Kordel, Siegellack und Kerze
Alter: ab 7 Jahren

Für den Piratenkapitän wird ein Kaperbrief ausgestellt. Der Text beginnt mit einem prächtig ausgemalten Initial, alle Buchstaben werden sehr schwungvoll geschrieben und mit vielen Schnörkeln verziert. Der Text könnte etwa lauten:
Wir Johann, Herzog von Gottes Gnaden, verfügen, dass Reimar, genannt der Bärtige, auf seine eigenen Kosten die Schiffe der Reiche Norwegen und Dänemark schädigen kann und die geraubten Waren mit seinen Leuten teilen. Und er soll Schutz finden in unseren Häfen, wo er seine Beute frei verkaufen darf, wovon der Ertrag zur Hälfte dem herzoglichen Steuervogt übergeben werden muss.
Gegeben zu Rostock im Jahre des Herren 1389"
Dann wird der Brief zusammengerollt und mit einer roten Kordel zugebunden. Die überstehenden Enden des Knotens werden mit Wachs verschlossen: Den Siegellack über einer Kerze erhitzen und einfach über den Kordelenden verteilen.

Schatzkarte

Material: Din-A3-Papier, Hühnerfeder, Messer, Kerze, Streichhölzer
Alter: ab 7 Jahren,

Ein großes Blatt Papier wird eine Weile in die Sonne gelegt, so dass es vergilbt. Dann wird es an den Seiten eingerissen, an einigen Stellen vorsichtig über eine Kerze gehalten (Achtung! Ausreichend Abstand halten), damit das Papier noch zusätzliche „Altersflecken" bekommt. Die Hühnerfeder mit dem Messer anschrägen und die Schatzkarte zeichnen.

Schatztruhe

Material: Schuhkarton mit Deckel, schwarzes Geschenkpapier mit Ornamenten, farbige Folie, Schere, Kleber, evtl. Schokotaler
Alter: ab 5 Jahren

Der Karton wird mit dem schwarzen Papier beklebt. Aus den Folien Totenköpfe, Sterne, Edelsteine schneiden und auf die Schatztruhe kleben; oder die Kiste oben und an den Seiten mit goldenen Schokotalern verschönern.

Die Schatzsuche

Die Suche nach sagenhaften Schätzen hat die Menschen immer wieder beschäftigt. Und heute existiert eine regelrechte Industrie von Bergungsunternehmen, die mit modernster technischer Ausrüstung vor allem nach gesunkenen Schatzgaleonen aus der Zeit der spanischen und portugiesischen Weltherrschaft suchen. Im November 1996 zum Beispiel haben Taucher einer amerikanischen Firma vor der Küste Südecuadors ein Wrack geortet, das sich inzwischen als vielversprechender Fund entpuppt hat. Es handelt sich um das Flaggschiff der spanischen Flotte, das 1654 gesunken ist, voll beladen mit Reichtümern aus dem Kolonialgebiet Peru. Nachdem die ersten Silberbarren und über 4000 Silbermünzen geborgen worden sind, rechnet das Bergungsunternehmen mit einem Gesamtwert von fast 700 Millionen Mark. Die Hälfte des Gewinns aus dem Verkauf steht übrigens der ecuadorianischen Regierung zu.

Material: Flaschen, Papier, Schatztruhe mit Inhalt
Alter: ab 4 Jahren, 2 oder mehr Gruppen

Die Schatzkarten werden verteilt. Das geschieht am besten per „Flaschenpost“, die aber nicht erst aus dem Meer gefischt werden muss, sondern von der Spielleitung an die Gruppen ausgegeben wird. Dazu kann – je nach Alter der Teilnehmer – eine kleine Geschichte darüber erzählt werden, wie die Flasche entdeckt wurde:
„Heute morgen bin ich am Strand (Fluss, Bach) spazieren gegangen. Da sehe ich am Strand (Ufer) diese Flasche liegen. Ich werde schon ärgerlich darüber, dass wieder jemand seinen Abfall ins Meer statt in den Glascontainer geworfen hat, da sehe ich plötzlich, dass in der Flasche ein Stück Papier steckt. Natürlich bin ich neugierig geworden und habe die Flasche mit nach Hause genommen. Und als ich zu Hause den Korken herausgezogen habe, finde ich diese Zettel ...“
Als erste Aufgabe kann die Schatzkarte aus verschiedenen Teilen zusammengesetzt werden – in den Flaschen sind also jeweils nur Papierfetzen. In diesem Fall sollte Klebstoff und zusätzliches Papier zur Verfügung stehen, um das Kartenpuzzle zusammensetzen und mitnehmen zu können.
Je nach Gelände und Wetter sollte eine Schatzsuche für drinnen und eine für draußen vorbereitet werden. Auf der Karte ist der Weg in Rätseln angegeben, die zunächst entschlüsselt werden müssen. Und vor Ort finden die Schatzsucher den nächsten Hinweis, oder sie müssen erst eine Aufgabe lösen, bis die Spielleitung ihnen den weiteren Weg weist.
Draußen lassen sich markante Punkte in der Landschaft finden: ein Hochsitz, ein einzeln stehender Baum, der Bach, der Eingang zur Kirche, eine Ritze in der Stadtmauer, und in der Sandkiste auf dem Spielplatz kann gegraben werden ... Im Haus geht es an den exotischen Pflanzen vorbei zum Bücherregal mit einem Piratenschmöker, in die Kombüse, dann weiter zur „Hängematte“, und im Keller zwischen alten Flaschen wartet die Schatztruhe, in der sich für jeden eine Kostbarkeit findet: selbstgebackene Plätzchen zum Beispiel oder ein kleiner Anhänger, ein gebatiktes Tuch oder eine Muschel. Wer sich eine besondere Überraschung ausdenken möchte, der bastelt vielleicht für alle Schatzsucher kleine Schatzkisten (mit Gold- und Silberfolie beklebt), in denen verschiedene Münzen liegen, die vom letzten Urlaub übriggeblieben sind. Und diese kleinen Schatzkisten ruhen alle in der großen ...

Münzen bergen

Material: Geldstücke
Alter: ab 7 Jahren
Gelände: Schwimmbad (mit Bademeister absprechen)

Im flachen Becken können für Nichtschwimmer Geldstücke verteilt werden, die von mehreren Mannschaften oder von Einzelnen herausgeholt werden sollen. Die (älteren) Schwimmer bergen Geldstücke aus dem Schwimmbecken und müssen den Gesamtbetrag aller Münzen ermitteln, sich also mit den Nichtschwimmern zusammentun

Schatztauchen

Material: großes Tuch, Stein oder anderer schwerer Gegenstand
Alter: ab 5 Jahren
Gelände: klares Gewässer

Ein schwerer Gegenstand wird in ein großes buntes Tuch geknotet und ins Wasser geworfen. Wer kann den Schatz als erster bergen? Für Gruppen: Welche Gruppe ist schneller mit dem Schatz am Ufer angekommen?

Spurensuche unter Wasser

Material: Steine, Holzstücke, Münzen
Alter: ab 7 Jahren
Gelände: klares Gewässer

Auf dem Grund wird mit großen Steinen und Holzstücken eine Spur gelegt. Am Ende der Spur liegt eine „kostbare" Münze, die geborgen werden muss.

Schiffe versenken

Material: 2 Bogen kariertes Papier oder 2 Fotokopien der Vorlage, 2 Bleistifte
Alter: 2 Spieler ab 8 Jahren

Auf jedem Bogen werden die Spielpläne jeweils zwei Mal eingezeichnet: Quadrate mit 10 x 10 Kästchen, die in der Senkrechten mit Buchstaben von „A" – „J" und in der Waagerechten mit Zahlen von 1 – 10 versehen sind. Oder es werden Fotokopien der Pläne aus dem Buch benutzt. Die beiden Spieler müssen so sitzen, dass sie den Bogen ihres Gegners nicht einsehen können.

In das linke Spielfeld zeichnet jeder Spieler seine „Flotte" ein: ein Schiff mit vier Kästchen, zwei mit drei, drei mit zwei und vier mit je einem Kästchen. Die Schiffe können beliebig auf dem „Wasser" verteilt werden. Sie dürfen sich aber nicht berühren.

Beide Spieler versuchen nun, die Schiffe des Gegners zu treffen und zu versenken. Es werden je nach Absprache abwechselnd ein, zwei oder drei „Schüsse" abgegeben. Wer einen Treffer landet, darf auf jeden Fall weitermachen, bis er ein Schiff versenkt hat. Der Spieler sagt zum Beispiel: „Ich schieße auf B 4" und trägt den „Schuss" im rechten Quadrat ein, damit er nicht die selbe Stelle später noch einmal versucht. Zur besseren Übersicht gilt ein Kreuz für einen „Leerschuss", ein Kreis für einen „Treffer". Geht der „Schuss" daneben, sagt der Gegner „Wasser", hat er getroffen, so gibt der andere Spieler an: „angeschossen", ohne allerdings zu sagen, welches Schiff getroffen wurde. Ein „Einer" ist mit dem ersten Schuss „abgeschossen", für andere Schiffe wird „abgeschossen" gemeldet, wenn sie zum letzten Mal getroffen sind.

Das Spielfeld und die Anzahl der Schiffe lassen sich beliebig vergrößern.

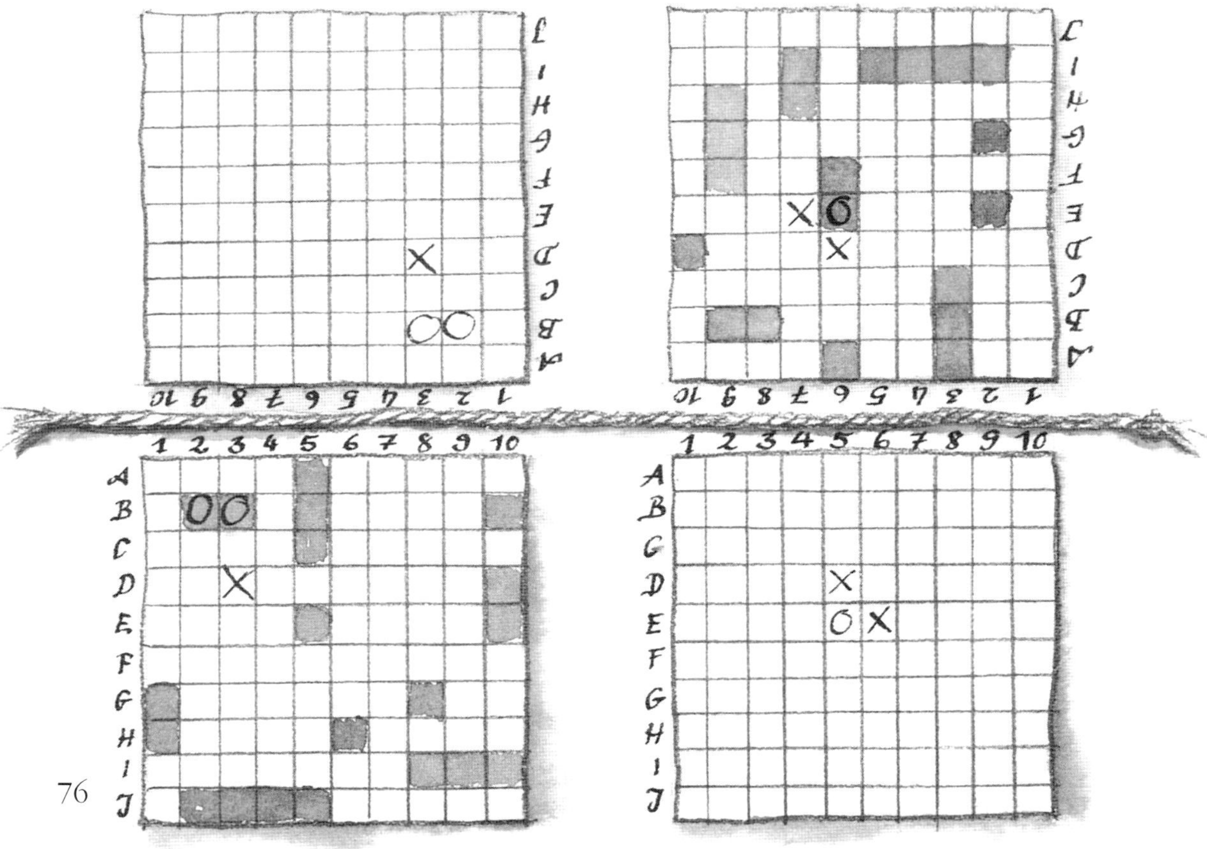

	1	2	3	4	5	6	7	8	9	10
A										
B										
C										
D										
E										
F										
G										
H										
I										
J										

	1	2	3	4	5	6	7	8	9	10
A										
B										
C										
D										
E										
F										
G										
H										
I										
J										

4

3

2

1

Am F Am F Am E Am
Nichts
Am G Am
los auf dem Pi - ra - ten - schiff! Und das schon seit Wo - chen. Wo
G C
ha - ben sich die an - dern Schif - fe bloß so gut ver - kro - chen? Ge -
Am G Am
lang - weilt putzt die Mann - schaft nun das Boot zum sieb - ten Mal. Ein
G
Le - ben oh ne Kampf ist für Pi - ra - ten ei - ne
1. Am 2. G Am
Qual. Da end - lich tönt es laut vom Mast. Pi -
D G F G C
ra - ten al - le auf - ge - passt: Al - le man an Deck,
F G C F G
al - le Mann an Deck, al - le Mann an
C Am E Am
Deck, und dann nichts wie ran an den Speck!

Nichts los auf dem Piratenschiff!

1.
Nichts los auf dem Piratenschiff!
Und das schon seit Wochen.
Wo haben sich die andern Schiffe
bloß so gut verkrochen?
Gelangweilt putzt die Mannschaft nun
das Boot zum siebten Mal.
Ein Leben ohne Kampf ist für
Piraten eine Qual.

2.
Schwarze Flagge, Enterhaken –
zum Kampf sind sie bereit.
Und unter Deck herrscht dicke Luft
fast täglich gibt es Streit.
Der Kapitän spielt mit dem Maat
'ne Runde „Schiffe-Versenken".
Doch für 'ne echte Kaperfahrt
würd' er sein Boot verschenken!

Da endlich tönt es laut vom Mast:
„Piraten alle aufgepasst!
Alle Mann sofort an Deck
und dann nichts wie ran – an den Speck!"

3.
An Backbord, sieben Strich voraus,
fährt ein Touristenschiff.
Die Mannschaft ist zackack an Deck,
noch vor dem ersten Pfiff.
„Zum Entern fertig!", ruft der Maat,
dann geht es blitzschnell los:
Kanonenschuss und Pulverdampf,
Verwirrung – riesengroß!

Und zwischendrin tönt es laut vom Mast:
„Piraten alle aufgepasst!
Alle Mann sofort an Deck
und dann nichts wie ran – an den Speck!"

4.
Zwei Wochen ist das nun schon her,
seitdem ist es sehr still.
Es scheint als ob sich dieses Jahr
kein Schiff mehr zeigen will.
Gelangweilt putzt die Mannschaft nun
das Boot zum achten Mal,
Ein Leben ohne Kampf ist für
Piraten einen Qual.

Da endlich tönt es laut vom Mast:
„Piraten alle aufgepasst!
Alle Mann sofort an Deck
und dann nichts wie ran – an den Speck!"

Text und Musik: Rudi Mika

Dieses Lied und noch viel mehr Musik und tolle Geschichten aus der Seemannskiste gibt es auf dem Tonträger (MC oder CD, s. Anhang, S. 130)

Der harte Alltag auf dem Schiff

„Über die Lebenslage unserer deutschen Seeleute gehen die Meinungen im deutschen Volk sehr weit auseinander. Leider ist es der größte Theil, z. B. die ganze binnenländische Bevölkerung, die (…) nur aus Romanen ihre Kenntnisse schöpft und unter der sich eine sehr eigenthümliche Auffassung über die Lage der Seeleute breitgemacht hat. Jener Theil des Volkes stellt sich in dem Seemannsleben eine Art Abentheuerleben vor, ein Leben in lauter Freiheit, Freude und Wonne.“

(Aus einer Denkschrift des Seemannsverbandes in Deutschland, 1902)

In den Hafenstädten der Welt gibt es heute viele arbeitslose Seeleute, die dringend nach einer Heuer suchen. Eine Situation, wie sie in der Geschichte der Seefahrt unvorstellbar war: Schon in der Antike rekrutierten sich die Schiffsbesatzungen aus Kriegsgefangenen, Sträflingen und Sklaven. Und auf den Kriegsschiffen der seefahrenden Nationen war ein Großteil der Mannschaft zum Dienst „gepresst" worden, d. h., sie wurden gegen ihren Willen an Bord gebracht.
Kein Wunder, dass kaum jemand anmustern wollte. Die Bedingungen waren alles andere als verlockend: Seeleute mussten ihre schwere Arbeit bei Sturm verrichten, in brütender Hitze oder während eiskalte Brecher über die Reling schwappten. Und das ohne jede Heizung an Bord, so dass die Kleidung oft während der gesamten Fahrt nicht richtig trocken wurde. Ganz abgesehen von der Gefahr, in stürmischer See unterzugehen oder von Piraten geentert zu werden.
Die Geschäftsbedingungen der Schiffsversicherungen drückten die schlechten Arbeitsbedingungen der Seeleute und die Gefahren einer Überfahrt in nüchternen Zahlen aus: Im 18. Jahrhundert betrug ihr Risiko üblicherweise 50 Prozent. Das bedeutet: Die Chancen standen eins zu eins, dass ein Schiff von seiner Reise unbeschädigt wieder zurückkehrte.

Auf den Galeeren, die bis ins 15. Jahrhundert das Mittelmeer befuhren, waren die Ruderer ständig angekettet und vegetierten auf einem Raum von ungefähr einem Quadratmeter dahin. Die Ruderbank war Arbeitsplatz, Schlafraum und Toilette in einem. Damit sie die unmenschlichen Bedingungen wenigstens für einige Zeit aushielten, bekamen die Galeerensklaven jeden Tag einen Liter Wein zugeteilt.
Seeleuten auf den Segelschiffen ging es nicht viel besser als den Galeerensklaven. Immerhin waren sie nicht angekettet und konnten ihre Notdurft mehr oder weniger unbeobachtet an der Galion, dem Vorderschiff, verrichten. Aber auch sie schliefen lange Zeit auf dem blanken Boden, dicht gedrängt im Vorschiff, so dass sie sich kaum ausstrecken konnten. Die Hängematte brachten erst spanische und portugiesische Seefahrer von den Südsee-Inseln mit. Sie gehörten bald zur Ausstattung auf allen Schiffen, konnte man doch mit dieser platzsparenden Methode noch mehr Seeleute auf engstem Raum unterbringen.
Unter Deck war es nass, und es wimmelte von Ungeziefer: Läuse, Schaben und vor allem Ratten gehörten sozusagen zum Schiffsinventar, die grauen Nager wurden auch gegessen, wenn die Vorräte zur Neige gingen.
Die Ernährung bestand hauptsächlich aus Erbsen, gesalzenen Fleischstücken („Pökelfleisch"), eingelegten Heringen, Haferbrei und hartem Brot, das leicht schimmelig wurde und deshalb nach einigen Tagen Fahrt durch die runden, haltbaren Schiffszwiebäcke ersetzt wurde. Je länger das Schiff unterwegs war, desto „lebendiger" wurde der Zwieback: er war voller Maden. Nur gut, dass die Leute unter Deck bei einer Talgkerze oder später im Schein einer flackernden Petroleumlampe kaum sehen konnten, was sie da zu sich nahmen.
In einem Schiff des 17. Jahrhunderts gab es sogar schon einen Tisch, die sogenannte Back, eine Platte, die von der Decke heruntergelassen werden konnte. Als Sitzgelegenheit nutzten die Seeleute ihre Seekiste, die allerdings schon viel länger zur Ausstattung der Schiffer gehörte. Darin hatten sie ihre gesamte Habe verstaut. Vor allem ihre Wäsche,

dann eine Schlafmatte oder eine Decke, zur Zeit der Hanse vielleicht auch einen Harnisch und Waffen, da die Seeleute bei Angriffen das Schiff meistens selbst verteidigen mussten. Diese Ausrüstung wurde übrigens vom Schiffer selbst bezahlt. Die Arbeitskleidung der Schiffer im Spätmittelalter bestand aus den für die Zeit üblichen Strumpfhosen, einem weiten Wams, das mit einem Gürtel zusammengehalten wurde und einer Kapuze mit Schulterkragen. Die uns bekannten weiten Schifferhosen aus Leinen sind vermutlich erst Ende des 16. Jahrhunderts aufgekommen.
Süßwasser war auf den Schiffen meistens knapp, denn es hielt sich nicht sehr lange. Die brackige, stinkende Brühe, die nach einigen Wochen serviert wurde, ließ die Männer lieber zum Alkohol greifen. Zur Zeit der Hanse tranken die Seeleute meistens Dünnbier, später gab es verdünnten Brandy oder Rum als tägliche Getränkeration.

Bei der schlechten Ernährung gehörten Krankheiten, vor allem Skorbut, zum Alltag auf See. Skorbut ist auf Mangel an Vitamin C zurückzuführen; er beginnt mit Zahnausfall und Blutungen und kann tödlich enden, wenn der Kranke kein frisches Gemüse oder Getreide bzw. Obst erhält. Die Reeder hatten übrigens den „Schwund" durch Krankheit bereits einkalkuliert: Es war üblich, im Heimathafen viel mehr Seeleute anzuheuern als tatsächlich gebraucht wurden – was die Lebensbedingungen an Bord noch zusätzlich verschlechterte. Noch im 18. Jahrhundert starb bis zu einem Drittel der Schiffsbesatzung an Skorbut, bis die Krankheit durch die tägliche Ausgabe von Zitronen oder Sauerkraut bekämpft werden konnte. So lecker wie unsere Rezepte für Sauerkrautsalat (s. S. 56) wird das eingelegte Kraut auf den Schiffen allerdings nicht geschmeckt haben.
An Bord der hölzernen Segelschiffe gab es außer dem Herd in der Kombüse keine Heizmöglichkeit. Die Brandgefahr war einfach zu groß. Deshalb durften Seeleute auch nicht rauchen. Sie gewöhnten sich an, den Tabak, den man in Europa seit der Entdeckung Amerikas kannte, zu kauen. In vielen Häfen gab es ein absolutes Feuerverbot, so dass die Mannschaft während der Liegetage nicht einmal warmes Essen erhielt.

Diese unmenschlichen Arbeitsbedingungen wurden nicht einmal durch eine vernünftige Heuer erträglicher: Der Lohn von Matrosen stellte keinen wesentlichen Kostenfaktor in der Kalkulation der Reedereien dar. Schiffsjungen fuhren häufig „für die Kost", und erfahrene Matrosen erhielten oft nur pauschale Beträge für die gesamte Fahrt. Das hieß: Wenn das Schiff wegen widriger Winde später ankam oder sogar in einem fremden Hafen überwintern musste, blieb der Lohn immer gleich niedrig. Und beim Auftakeln und Beladen des Schiffes im Hafen arbeitete die gesamte Mannschaft – außer Kapitän und Offizieren – nur für Essen und Schlafplatz.

Meuterei und Seemannsgarn

Die Kapitäne auf den Schiffen waren absolute Autoritäten, und die Mannschaft akzeptierte das meistens ohne Murren, hatte der Kapitän doch die selbe harte Ausbildung wie sie durchgemacht. Sie ertrugen auch die drakonischen Strafen für kleinste Vergehen mit relativem Gleichmut. Wer zum Beispiel Lebensmittel gestohlen hatte, wurde mit der neunschwänzigen „Katze" ausgepeitscht.

In der Geschichte der Seefahrt kam es aber immer wieder zu blutigen Aufständen der Mannschaft, meistens wegen besonders grausamer Leuteschinder oder weil die Mannschaft ihren Kapitän nach monatelanger Fahrt in unbekannten Gewässern zur Umkehr zwingen wollte. Auch Lebensmittelknappheit oder die niedrige Heuer konnten Anlass für einen Aufstand sein. So kam es 1797 zur ersten massenhaften Meuterei in der Seegeschichte, nachdem in der britischen Marine zwischen 1690 und 1790 der Lohn nicht ein einziges Mal erhöht worden war. Nach langen Verhandlungen erkämpften die Aufständischen nicht nur bessere Bezahlung und Verpflegung; sie setzten auch durch, dass mehr als hundert besonders unbeliebte Offiziere den Dienst quittieren mussten.
Ein anderer Aufstand wurde zum Thema zahlreicher Bücher und Filme: die Meuterei auf der Bounty im Jahr 1787. Der Steuermann brachte mit fast allen Offizieren und einem Teil der Mannschaft das Schiff in seine Gewalt und setzte den Kapitän und seine Anhänger auf einem Beiboot aus. Die Meuterer besiedelten mit einigen eingeborenen Frauen und Männern aus Tahiti eine einsame Südseeinsel, brachten sich aber im Lauf der Zeit fast alle gegenseitig um. Kapitän Bligh vollbrachte eine unglaubliche navigatorische Leistung: Er steuerte das Boot zur 3.600 Meilen entfernten Insel Timor.

Die andere Seite des Lebens an Bord waren die langen Abende, angefüllt mit Liedern und Alkohol und den Geschichten, in denen es von unglaublichen Abenteuern nur so wimmelte. Die harten Männer waren natürlich auch sentimental, und sie waren abergläubisch. Der gute Geist eines Schiffes ist bei den norddeutschen und niederländischen Seeleuten der Klabautermann, ein kleiner, quicklebendiger Kerl mit feuerrotem Kopf und Bart, der die Seeleute vor drohenden Gefahren warnt, Stürme abwehrt und gegen die Schiffswände klopft, wenn sie undicht sind. So ist auch das Wort Klabautermann zu erklären: Der „Kalfatermann" hilft dem Schiffszimmermann, wenn bei Sturm ein Leck abgedichtet werden muss.
Von ihren vielen Reisen brachten die Seeleute auch Informationen über alle möglichen Fabelwesen mit. Da waren sie Meerjungfrauen begegnet – wobei es sich vermutlich um Robben und Seekühe handelt, die man von weitem durchaus mit menschlichen Gestalten verwechseln kann. Oder sie hatten, vielleicht von einem Wikinger, das Horn eines sagenhaften Tieres gekauft; dies war in der Regel der Stoßzahn eines Narwals, den die geschäftstüchtigen Wikinger als „Einhorn" in den Handel brachten. Und immer wieder wurde von unheimlichen Begegnungen mit riesigen Meeresungeheuern berichtet. Diese Erzählungen tat man lange Zeit als Seemannsgarn ab, bis sich die moderne Tiefseeforschung mit den Schauergeschichten beschäftigte. Erleben die Forscher doch selbst bei ihren Vorstößen in Tiefen unter 6.000 Meter, dass sich dort ein riesiges Tierreich befindet, von dessen Ausformungen wir bisher kaum eine Vorstellung haben. Da tummeln sich meterlange leuchtende Fische oder riesige Quallen, die länger als ein Blauwal werden können. Und jede Beschreibung von Riesenkraken wird wohl von Architeuthis, dem Riesenoktopus, übertroffen, von dem bisher immer nur Teile gefunden wurden. Die Forscher gehen davon aus, dass die Tiere mehr als 25, vielleicht sogar bis zu 70 Metern groß werden können, das Stück eines Fangarmes, das im letzten Jahrhundert gefunden wurde, hatte allein eine Länge von sechs Metern. So müssen wir vielleicht in Zukunft viele „sagenhafte" Geschichten ganz anders lesen, und es stellt sich heraus, dass einige Seeleute echte Begegnungen mit riesigen Seeungeheuern hatten.

Als blinde Passagiere auf der „Seetiger“

Zwei Wochen später liegen die drei Seeräuberschiffe immer noch im Hafen. Die Hauptleute sollten warten, bis die neuen Schiffe ausgerüstet waren und genügend Lebensmittel geladen hatten. Als das erledigt war, hatte dichter Nebel ein Auslaufen der Schiffe unmöglich gemacht.
Inzwischen ist es eine richtige kleine Flotte, die da draußen ankert. Ein Mecklenburger Adeliger hat den Oberbefehl über die Streitmacht erhalten, Störtebeker und die beiden anderen Seeräuber-Kapitäne können aber selbst entscheiden, ob sie den Befehlen folgen oder nicht. Die Schiffe sollen Stockholm mit Lebensmitteln versorgen. Die dänische Königin erhebt nämlich Anspruch auf die schwedische Krone und hat den Mecklenburger Albrecht gefangen genommen. Der ist gleichzeitig König von Schweden. Als letzte leisten noch die Bewohner der Hauptstadt Stockholm Widerstand. Sie sind von dem dänischen Heer eingeschlossenen, und allmählich werden die Vorräte knapp.
Margaretes Mutter ist nicht böse über die Verzögerung. Haben doch die Seeräuber ihren „Goldenen Hering“ als Stammkneipe ausgewählt. Jeden Abend sitzen sie zu fünf oder zehnt, manchmal sogar mit zwanzig, dreißig Mann an den Holztischen und halten die einheimischen Gäste frei. Wenn sie von ihren Heldentaten erzählen, wird jedes Mal viel Bier getrunken. Knut, der Seeräuber mit der breiten Narbe im Gesicht, ist immer dabei. Er hat auch nichts dagegen, wenn sich Klaus unter die Erwachsenen mischt. Und die Fragen des neugierigen blonden Burschen beantwortet er gern. Meistens dreht es sich um die fremden Städte und Länder, die Knut schon angelaufen hat. Oder der Junge will genau wissen, wie sie den letzten großen Herbststurm ohne Schaden überstanden haben.
Im Augenblick hat Knut allerdings Sorgen. Der Winter kommt dieses Jahr früh, da sollten sie eigentlich in einem Hafen Schutz suchen und nicht auf der Ostsee unterwegs sein. Oft genug in den letzten Jahren waren die Küsten zugefroren. Und manchmal trieben dicke Eisschollen auf dem Wasser. Wie sollen sie dann Stockholm erreichen?

Klaus klettert von der Bank. Er muss unbedingt ins Bett, weil er morgen früh wieder mit seinem Vater rausfährt. In dieser Jahreszeit finden sie kaum mehr etwas im Netz, aber der Fischer braucht das Geld aus dem Verkauf. Alles ist teurer geworden seit letztem Winter, und daran sind vor allem die Seeräuber schuld. Seitdem sie wieder auf der Ostsee kreuzen, wagt sich kaum mehr ein Handelsschiff aus dem Hafen. Die wenigen Waren, die der Kran noch ausladen kann, sind entsprechend teuer. Die Seeräuber sind deshalb nicht gerade beliebt bei den einfachen Bürgern. Aber das kümmert Klaus wenig. Die Geschichten von Knut, dem Narbigen, und die Abenteuer, von denen Käpt'n Ant ständig erzählt, haben ihn nur noch sicherer in seinem Entschluss gemacht: Ein Seeräuber will er werden, Handelsschiffe entern, reiche Beute machen. Und nicht als armer Fischer sein Leben fristen, bis er am Ende doch nur eine windschiefe Hütte mit einem einzigen Raum besitzt.
Mit den ersten Silberstücken, die er zurücklegen kann, wird er nach Hause

kommen und Margarete zur Frau nehmen, das steht für ihn fest.
Gleich morgen weiht er die Freundin in seine Pläne ein. Er hat so lange gebettelt, bis Knut ihm vor drei Tagen sein Schiff gezeigt hat. Da wusste Klaus plötzlich, wie er es anstellt, zu den Seeräubern zu kommen. Er schleicht sich heimlich an Bord! Und wenn sie erst auf hoher See sind, wird sein narbiger Freund dafür sorgen, dass die anderen ihn nicht ins Wasser werfen. Schließlich kann er schon ordentlich anpacken. Das hat er oft genug auf dem Fischerboot bewiesen.

Am nächsten Abend schleicht sich Margarete für eine halbe Stunde aus der Schänke. Klaus hat es sehr dringend gemacht und dabei furchtbar geheimnisvoll ausgesehen. In einer Ecke bei den Lagerhäusern

treffen sie sich, und Klaus erzählt ihr, was er plant.
„So, und ich soll zu Hause hocken bleiben und auf den großen Seeräuber warten, bis er mal drei Tage im Hafen ist und anschließend wieder für Monate verschwindet? Kommt nicht in Frage. Dann kann ich auch gleich alleine leben!"
„Aber wenn ich genug Geld habe, bleibe ich doch zu Hause, und wir können uns ein tolles Leben machen", versucht Klaus sie zu überzeugen.
„Wer weiß, wann das sein wird. Dann bin ich vielleicht schon alt und grau. Ich habe eine viel bessere Idee: Ich komme einfach mit! Wenn ich bei meiner Mutter die Tische blank wische, dann kann ich auf der ‚Seetiger' auch die Decksplanken schrubben."
„Das geht doch nicht. Du bist doch ein Mädchen!" Klaus ist völlig fassungslos.
„Na und, dann ziehe ich eben Männerkleider an. Und mein langes Haar kann ich abschneiden."
Klaus sieht Margarete immer noch zweifelnd an. Aber je länger er darüber nachdenkt, desto reizvoller findet er die Vorstellung, mit seiner Freundin zusammen auf das Schiff zu gehen.
Die Kleider sind kein Problem: „Die nehme ich von meinem Bruder, der ist schon fast so groß wie ich." Und die Haare wird Klaus ihr mit seinem scharfen Fischermesser abschneiden, wenn sie sich treffen, um an Bord zu gehen.
„Du musst noch ein Boot besorgen."
„Schon erledigt", sagt Klaus stolz. „Ich habe meinem Freund Basso von dem Plan erzählt. Der rudert uns rüber und bringt das Boot wieder zurück an die Anlegestelle."
Jetzt brauchen sie nur noch herauszufinden, wann die Schiffe auslaufen.

Drei Tage später ist es soweit. Auf Schleichwegen hat ein Bote aus dem belagerten Stockholm Mecklenburg erreicht und dringend um Hilfe gebeten. Klaus hat sich noch vor dem Morgengrauen davongestohlen, in einem Tuch sind zwei Äpfel und ein Stück Brot eingewickelt. Das Messer steckt im Gürtel. Es ist sein ganzer Stolz. Er hat es letztes Jahr von seinem Vater geschenkt bekommen, als sie mit seiner tatkräftigen Hilfe einen guten Fang gemacht haben.
Am Treffpunkt steht sein Freund Basso. Und wer ist das neben ihm? Klaus muss schon sehr genau hinsehen, um in dem schmalen Burschen in langen Hosen und mit Piraten-Kopftuch seine Freundin Margarete zu erkennen.
Sie legt das Kopftuch ab und schüttelt ihre lange Mähne. Dann flüstert sie ihm zu: „Mach schon, meine Haare." Einen Moment lang betrachtet sie die schwarze Pracht, die sie mit der Hand straff nach un-

ten zieht. Dann gibt sie sich einen Ruck und flüstert wieder: „Los, schneide sie ab!" Mit dem scharfen Messer ist das schnell erledigt. Margarete legt das dicke Büschel schwarzer Haare in Bassos Hände: „Denk dran, was ich dir vorhin gesagt habe! Bring die Haare zum Händler Simon am Marktplatz. Er weiß Bescheid und wird dir einen kleinen Beutel mit Münzen geben. Trag den zu meiner Mutter. Sie soll damit die Aushilfe bezahlen, die sie jetzt brauchen wird."

Sie bindet das schwarze Tuch wieder um den Kopf. Vorsichtig schauen sie sich um, dann klettern sie in das Boot. Die Ruder tauchen leise ins Wasser, und nach kurzer Zeit sind sie bei der „Seetiger" angekommen.

Zum Glück hat jemand die Jakobsleiter an der Reling baumeln lassen. Klaus fasst danach, und die beiden können an der Strickleiter hochklettern. Nach einem kurzen Gruß an Basso verschwinden sie unter Deck.

Zwischen Ratten und Maden

Hinter einem Sack mit Zwieback haben sich Margarete und Klaus aneinander gekuschelt und sind sofort eingeschlafen.

Sie werden von Stimmen geweckt, die irgendwelche Kommandos schreien. Als sie sich den Schlaf aus den Augen gerieben und die schmerzenden Arme und Beine massiert haben, merken sie, dass das Schiff schaukelt und stampft.

„Wir sind auf See", flüstert Klaus. Er muss im Dunklen nach Margarete tasten. Es ist schon etwas unheimlich unter Deck, zwischen all den Fässern und Säcken mit Lebensmitteln. Und unten vom Kiel her steigt ein fauliger Geruch hoch – das Bilgenwasser, hat ihm Knut erklärt. Ins Schiff dringt immer etwas Wasser ein.

Nur gut, dass sie erhöht sitzen zwischen dem Ladegut, aber unangenehm feucht und ziemlich kalt ist es trotzdem. Plötzlich schreit Klaus kurz auf. Kleine Füßchen sind über seine Hand getrippelt. Das müssen die Schiffsratten sein, von denen es auf jedem Kahn mindestens doppelt so viele gibt wie Menschen. Hat jedenfalls Knut gesagt und gegrinst. „Ratten totschlagen ist unser Lieblings-Zeitvertreib an Bord:. Aber du hast immer das Gefühl, dass noch einmal so viele nachwachsen, wenn du das nächste Mal im Laderaum bist."

„Das war eine Ratte", erklärt Klaus. „Lass uns das Brot und die Äpfel lieber jetzt essen, bevor noch mehr von den Viechern angelockt werden."

Sie teilen sich das Stück Brot, und jeder bekommt einen Apfel. Viel ist das nicht, aber sie sind es beide gewohnt, dass sie auch einmal einen Tag lang wenig oder nichts zu essen haben.

Klaus ist ein bisschen ratlos. Wie soll es weitergehen? Sollen sie warten, bis sie entdeckt werden? Oder sich freiwillig stellen? Margarete schlägt vor, dass sie noch einen Tag warten, weil sie jetzt noch zu nahe an der Küste sind. Die Aussicht ist nicht sehr verlockend, stundenlang in der Dunkelheit zwischen Ratten zu sitzen und muffige Luft zu atmen. Aber es bleibt ihnen wohl nichts anderes übrig. Sie drängen sich aneinander und ziehen ihre groben Tücher fest um die Schultern. Jetzt heißt es Geduld haben.

So gehen die Stunden dahin. Die Stimmen sind leiser geworden, und seit einiger Zeit hören sie nur noch ab und zu die Schiffsglocke. Das muss die Wache sein. Ob es schon Nacht ist? Margarete will unbedingt frische Luft schnappen. Bei den ungewohnten Bewegungen des ständig rollenden Schiffes, bei dem Hunger, der Kälte und der verbrauchten Luft ist ihr schlecht geworden.

„Ich komme mit", flüstert Klaus. Er ist das Schlingern zwar gewohnt, weil er schon seit Jahren mit dem Fischerboot rausfährt. Aber er ist auch froh, wenn er mal aus diesem Rattenloch herauskommt.

Vorsichtig hebt Klaus die Luke hoch und späht über das Deck. Draußen ist es vollkommen dunkel. Ein frostiger Wind pfeift über das Schiff und bläht die Segel, so dass die „Seetiger" rasche Fahrt macht.

Die beiden Kinder klettern aus dem Laderaum. Sie zittern zwar vor Kälte, aber die frische Luft tut doch gut.

Da werden Klaus und Margarete plötzlich von zwei mächtigen Fäusten gepackt und eine tiefe Stimme brüllt: „Was haben wir denn da für zwei Halunken?"

Hilflos zappeln die beiden in dem eisenharten Griff. Sie sind aber auch erleichtert, weil sie die Stimme sofort erkannt haben. Was für ein Glück, dass Knut, die Narbe, ausgerechnet jetzt Wache schiebt.

Klaus ruft beschwörend: „Lass uns doch los, Knut. Ich bin's, Klaus. Und das ist mein Freund Heyno. Wir wollen bei euch mitmachen. Nach Stockholm segeln und überall hin, wo es Beute gibt."

„Ja, da soll doch ...". Knut unterdrückt einen Fluch und zerrt die beiden Freunde zur Kombüse. Dort zündet er ein Licht an und betrachtet sich die jungen Burschen nachdenklich.

„Morgen früh muss ich euch zum Kapitän bringen, das ist keine Frage. Aber ich will ein gutes Wort für euch einlegen. Wenn ihr kräftig mit anpacken könnt, dann wird er euch vielleicht mitnehmen."

Er dreht Margarete zum Schein der flackernden Lampe. „Dein Freund Heyno ist ja ziemlich mager. Aber zum Klar-Schiff-Machen wird's wohl noch reichen. Was mache ich nur bis morgen früh mit euch?"

„Gibt es vielleicht noch etwas zu essen? Wir haben seit heute früh nur einen Kanten Brot und einen Apfel gehabt", fragt Klaus schüchtern.

„Noch keinen Handschlag getan und schon gefüttert werden." Knut lacht und holt vom Herd eine Schale. „Da sind noch ein paar Erbsen. Das Fleisch haben die Männer schon weggeputzt."

Als sie die Reste sorgfältig mit den Fingern vom Rand gewischt haben, schickt Knut die Freunde wieder in den Laderaum. „Erst müssen wir mit Störtebeker reden. Wenn ihr bleiben könnt, finden wir vielleicht noch einen Platz bei den anderen Männern."

Margarete und Klaus schauen sich an: Der narbige Knut hat sie eben schon in einem Atemzug mit der Seeräubermannschaft genannt!

„Und passt auf, dass euch heute Nacht nicht die Maden annagen, aus dem Sack mit Zwieback." Der Seeräuber grinst und schiebt sie aus der Kombüse.

Kleine Knotenkunde

Es gibt Henkerknoten, Chirurgenknoten, Mönchsknoten oder Krawattenknoten: Bei diesen Namen verstehen wir leicht, was sie bedeuten sollen. Der Henkerknoten wird am Galgen verwendet, der Chirurgenknoten zum Beispiel zum Abbinden bei Blutungen, der Mönchsknoten hält die Kutte der heiligen Männer zusammen und der Krawattenknoten den Schlips. Bei Platting, kurzer oder langer Trompete, Notmastknoten, Pal-, Roll- und Roringstek ist das schon komplizierter. Wer sich schon etwas in die Seemannssprache eingehört hat, wird allerdings ganz richtig vermuten, dass es sich hier um Knoten handelt, die vor allem auf Schiffen benutzt werden.

Die Knoten, die auf Segelschiffen gebraucht werden, sind eine Wissenschaft für sich, und der Moses (s. Schiffs-ABC, S. 94) brauchte eine ganze Weile, bis er wenigstens die Grundbegriffe verstanden hatte. Mit manchen Knoten lassen sich Sachen verschnüren, zum Beispiel ein Seesack, andere dienen dazu, zwei Seile miteinander zu verbinden; bei einem Knoten ziehen sich die Schlaufen zu (Henkerknoten), bei anderen soll das gerade vermieden werden – wenn ich zum Beispiel ein Tau um die Brust schlinge, um mich abzuseilen.

„Edition moses" heißt übrigens der Verlag, der ein wunderbares Buch über alle möglichen Knoten herausgebracht hat. Wer die „44 Knoten" mit den beiliegenden verschiedenfarbigen Seilen nachgeschlungen hat, wird beim nächsten Segeltörn sicher Eindruck machen. Den „doppelt beigebändselten dreikardeeligen Admiralitäts-Augenspleiß" haben uns die Autoren zum Glück erspart.

Palstek

Mit der sehr stabilen, aber einfach zu knüpfenden Schlaufe werden zum Beispiel Boote an einem Poller am Ufer festgemacht. Der „Pfahlknoten" dient auch zur Absicherung beim Bergsteigen.

Material: 1 Seil, beliebige Länge
Alter: ab 6 Jahren

Mit dem Seil wird ein „Auge" gebildet, bei dem der Tampen (s. Schiffs-ABC, S. 95) oben liegt. Der lose Teil wird so weit offen gelassen, wie wir die Schlinge später brauchen. Den Tampen durch das Auge von unten herum, dann um den stehenden Teil und von oben wieder zurück führen. Strammziehen!

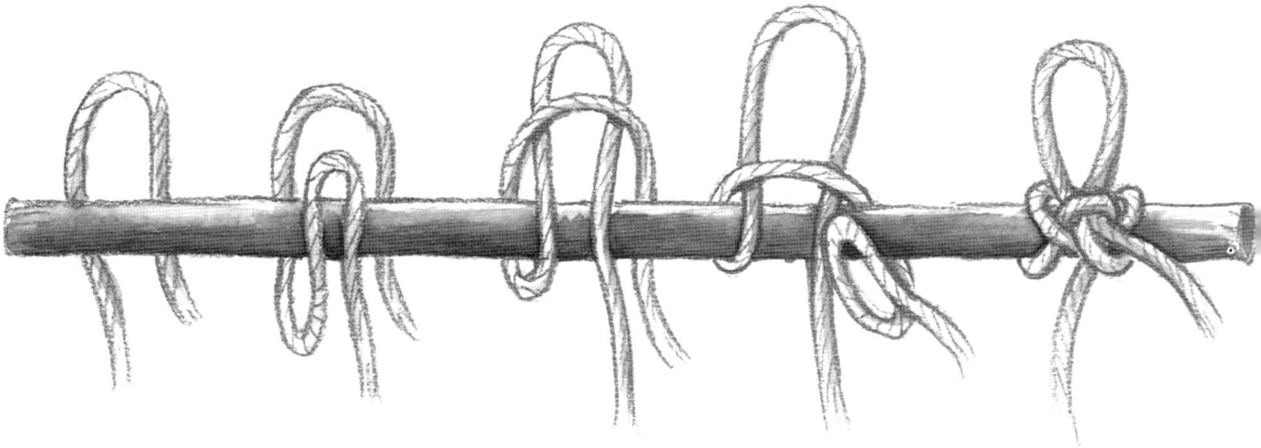

Räuberknoten

Bei Cowboys besonders beliebt, da sich das Pferd nicht losmachen, der Reiter den Knoten aber mit einem Ruck lösen kann. Auch gut zu gebrauchen, wenn der Hund mit der Leine vor dem Metzgerladen festgebunden werden soll.

Material: 1 Seil von beliebiger Länge, Stange aus Holz o. ä.
Alter: ab 9 Jahren

Am besten wird an einem Besenstil die Reihenfolge wie abgebildet geübt. Sieht einfach aus, braucht aber seine Zeit ...

Webeleinenstek

Geschickte Segler können diesen Knoten über einer Stange auch mit einer Hand binden.

Material: 1 Seil von beliebiger Länge, Stange aus Holz
Alter: ab 7 Jahren

Wie in Abbildung 1 dargestellt: Einfach zwei „Augen" übereinander legen. Fertig! Wer es mit einem Holz versuchen will (erst mit beiden Händen üben), verfährt nach Abbildung 2.

Schuhschleife

Mit einem einfachen Trick lassen sich ständig offene Schuhbändel vermeiden

Material: Schuhe mit Schuhbändern
Alter: ab 5 Jahren

Knoten binden wie gewöhnlich. Wenn die linke (oder rechte) Schleife schon halb fertig ist, noch zwei zusätzliche Drehs wie auf der Abbildung machen und dann erst die zweite Schleife durchstecken.

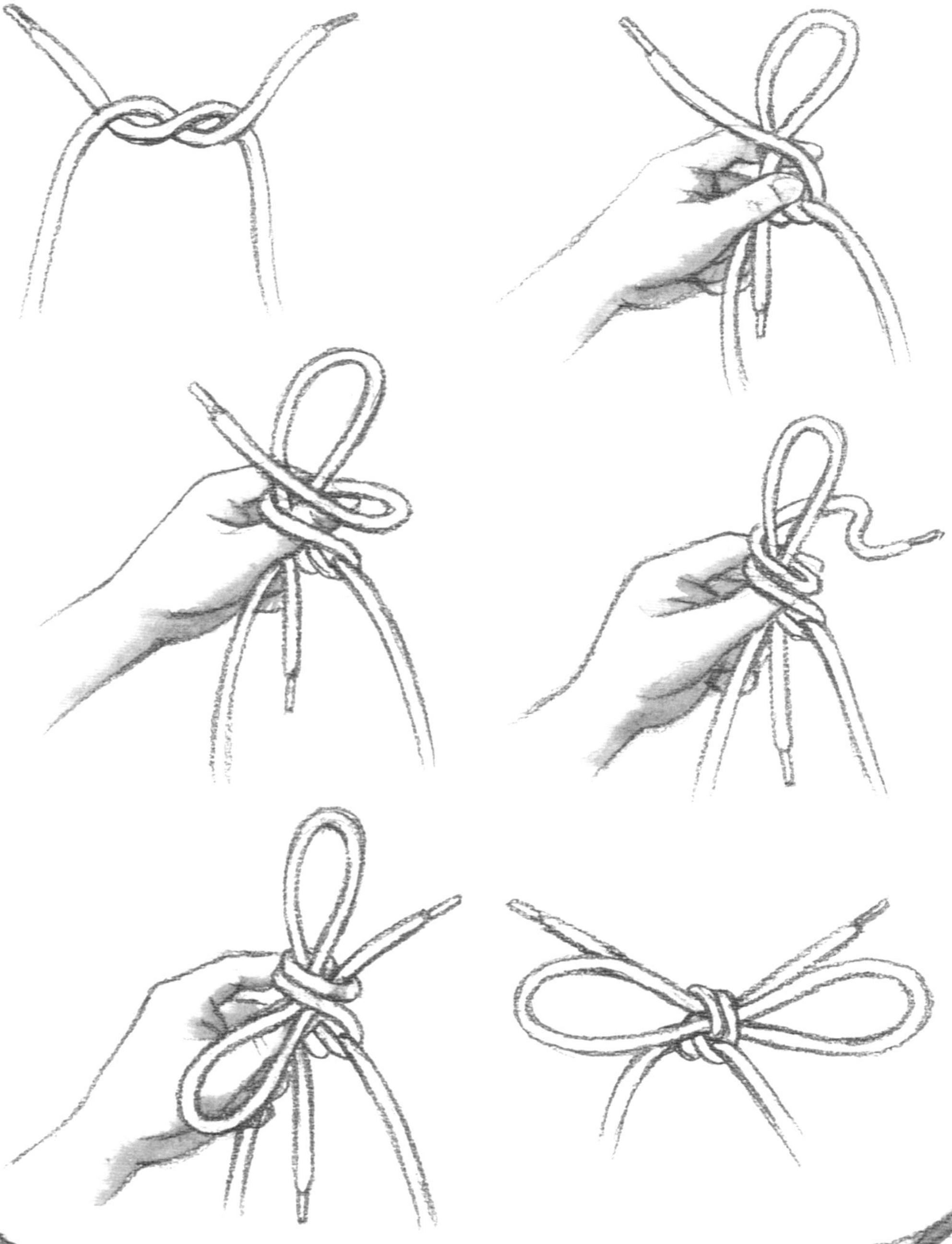

Schiffs-ABC von A(chtern) bis Z(ampel)

Die Seeleute hatten schon immer eine eigene Sprache, durch die man sie sofort von den „Landratten" unterscheiden konnte. Viele Ausdrücke stammen aus dem Niederländischen und Niederdeutschen („Platt"), seit dem 18. Jahrhundert kamen viele englische Bezeichnungen dazu. Manche speziellen Arbeitskommandos wurden auch deshalb gebraucht, weil man sie bei der Arbeit auf dem Meer besser verstehen konnte.
In manchen Häfen entwickelten sich eigene Mischsprachen, z. B. an der pommerschen und ostpreußischen Küste, wo das sogenannte Russenorsk gesprochen wurde, eine Mischung aus skandinavischen und russischen Seemanns-Ausdrücken.
Viele Begriffe, die wir in unserem „Schiffs-ABC" abgedruckt haben, werden heute noch benutzt, andere sind nur noch in der Geschichte der Seefahrt von Interesse.

Achtern = hinten

Achtersteven = hinterer Teil eines Schiffs, im Gegensatz zum „Vorsteven"

anlegen = Schiff an einer Pier oder einem anderen Anlegeplatz „festmachen". Das heißt, mit Tauen und Anker so vertäuen, dass es auch bei starkem Wind und schwerem Seegang sicher liegt. „Ablegen" heißt also, den Anker „lichten", die Taue lösen und abfahren.

Backbord = linke Seite (→ Steuerbord)

Bilge = („Bilsch" gesprochen) tiefste Stelle im Bootsrumpf, über dem Kiel, an der sich das „Bilgewasser" sammelt

Brise = leichter Wind. Es „brist auf", wenn die Windgeschwindigkeit zunimmt. Vielleicht gibt es dann einen Sturm oder sogar einen „Orkan".

Bug = vorderster Bereich eines Schiffs (→ Heck)

Dock = Einrichtung für den Bau oder die Reparatur von Schiffen

Faden = Längenmaß, mit dem in England noch die Wassertiefe bezeichnet wird. 1 Faden = 6 Fuß = 1,83 m

Fallreep = war ursprünglich nur das Kommando „Fall Reep!", also lass ein „Reep" (niederdeutsch für Seil, Tau) an der Bordwand herunterhängen. Daraus entwickelte sich ein bequemer Aufgang, von der → Jakobsleiter bis hin zur Treppe mit Plattform über der Wasseroberfläche, um sicher aus dem Beiboot an Bord zu gelangen. Der Begriff „Reep" ist übrigens noch in dem Straßennamen „Reeperbahn" erhalten, dem lang gestreckten Arbeitsplatz des Seilers oder „Reepschlägers".

Glasen = Schiffsglocke anschlagen nach jeder halben Stunde. Die Wache auf den Schiffen beginnt mit 1 „Glas", z. B. um 4.30 Uhr morgens und endet mit 8 Glas, z. B. um 8 Uhr. Früher wurde die Zeit mit einem „Stundenglas" gemessen; das war eine Sanduhr, die neben dem Kompass stand und jede halbe Stunde umgedreht werden musste.

Galion = Vorbau am Vorderteil des Schiffs, auf alten Segelschiffen war dort das Klo.

Galionsfigur = meist weibliche Figur oder Fantasiewesen aus Holz unter dem Galion

Heck = hinterster Bereich eines Schiffs (→ Bug)

Heuer = Arbeitslohn des Seemanns. Der „Heuerbaas" vermittelte dem Seemann einen Arbeitsplatz

Jakobsleiter = Strickleiter mit Seitenteilen aus Tauwerk und Stufen aus Holz, mit der man an Bordwänden hoch- und runterklettern kann. Der Begriff ist wahrscheinlich von der Himmelsleiter hergeleitet, die der biblische Jakob im Traum sah. (→ Fallreep)

kalfatern = Schiffe aus Holz wasserdicht machen, indem die Spalten zwischen den Planken mit Werg (einer Mischung aus Hanf und Teer) verstopft wurden; größere Spalten wurden „verpicht", das heißt mit Pech ausgegossen.

Kiel = unterster Teil des Schiffsrumpfes, der mit → Achtersteven und Vorsteven (also dem hinteren und dem vorderen Aufbau des Schiffes) verbunden ist

Kielschwein = ein auf Kiel und Spanten gelegter hölzerner Längsbalken, der den Kiel und den gesamten Aufbau des Schiffes verstärkt

Knoten = 1. Bezeichnung für verschiedene Knoten aus „Tampen" (ein Stück Seil) (→ die gebräuchlichsten Knoten auf S. 89 ff).
2. Geschwindigkeitsmaß für die „Fahrt" des Schiffes (abgekürzt in „kn"): 1 kn = 1 → Seemeile („sm") pro Stunde. Früher wurde ein langes Tau mit Knoten in regelmäßigen Abständen an einem schwe-

ren Brett befestigt. Das Brett wurde über Bord geworfen, und der Seemann konnte die Geschwindigkeit des Schiffes daran bestimmen, wie schnell die Knoten sich in einer bestimmten Zeit abspulten.

Koje = ein fest eingebauter Schlafplatz an Bord (im Gegensatz zur Hängematte). „Seekojen", die direkt an der Außenwand angebracht und mit einem aufrecht stehenden Brett (heute mit einem Metallbügel) abgesichert sind, verhindern, dass man bei schwerem Seegang im Schlaf aus der Koje fällt.

Kombüse = Küche eines Schiffs

Krähennest = im Mittelalter ein „Mastkorb", in dem der „Ausguck" das Meer beobachtete, um rechtzeitig vor Gefahrenquellen zu warnen oder Land sehen zu können.

Lee = dem Wind abgewandte Seite

Logbuch = Schiffstagebuch. Hier werden alle wichtigen Ereignisse auf dem Schiff und die tägliche Position aufgeschrieben. Ein Logbuch zu führen, ist gesetzlich vorgeschrieben.

Lot = mit dem „Handlot" wurde die Wassertiefe gemessen. Ein Metallstück, das wie ein Tropfen geformt ist, wird an einer Lotleine befestigt, die in Abständen eines → „Fadens" bzw. von 2 Metern durch wechselnde Farben gekennzeichnet ist. Wenn das Metallstück den Boden berührt und die Leine senkrecht steht, kann die Wassertiefe abgelesen werden.

Lotse = Ortskundiger, der die Schiffe von See aus in den Hafen oder wieder hinaus „lotst"

Luv = dem Wind zugewandte Seite

löschen = ein Schiff ausladen. Der Begriff ist aus dem Niederdeutschen „lossen" übernommen worden und bedeutet eigentlich „frei"- oder „leermachen", hat also nichts mit der üblichen Bedeutung des Wortes zu tun.

Moses = Schiffsjunge, jüngstes Mitglied der Mannschaft. Der biblische Moses wurde zwar als Baby in einem Binsenkörbchen ausgesetzt, hat aber für diesen Begriff dennoch nicht Pate gestanden. Herkunft wahrscheinlich aus dem spanischen „mozo" = junger Bursche

Pier = Anlegestelle, meistens aus Stein gebaut, die entweder als Liegeplatz genutzt wird oder zum Laden und → Löschen der Ladung

Pinne = 1. Kurzbezeichnung für Ruderpinne, mit der das Steuerruder bewegt wird.
2. Als „Pinne" wird auch ein kleiner Nagel und
3. die Achse des Kompass bezeichnet, auf der die Kompassrose sich dreht.

Pirat = eine Jolle (Rennboot), die mit zwei Mann Besatzung bei Segelregatten (Wettrennen) fährt. Segelzeichen ist ein rotes Enterbeil.

Planke = Bretter und Bohlen, mit denen der Schiffsrumpf und das Deck gebaut werden. Die älteste Art, einen Bootsrumpf mit Planken zu fertigen, ist die „Klinkerbauweise", bei der sich die Planken wie Dachziegel überlappen. Auch die Koggen der Hanseschifffahrt wurden lange Zeit nach dieser Methode gebaut.

Prise = 1. ein vom Feind erbeutetes Schiff 2. eine kleine Menge „Schnupftabak“ für die Nase oder eine Prise Pfeffer ans Essen leisteten sich früher nur wohlhabende Menschen.
Beide Bedeutungen stammen vom französischen Ursprungswort für „nehmen“.

Pütz = Eimer. Mit der „Schlagpütz“ wird an einer Fangleine Seewasser geschöpft und anschließend „Reinschiff“ (sauber)gemacht.

Rah = Hölzerne Querstange zur Befestigung der Segel; sie ist waagerecht am Mast befestigt und seitlich und in der Höhe verstellbar. Früher wurden zum Tode Verurteilte auf See manchmal „an der Rah aufgeknüpft“.

reffen = Segelfläche verringern, indem die Segel zusammengerollt werden

Riemen = Ruder, mit denen man „pullen“ (im Paar) oder „wriggen“ (einzeln) kann.

Rumpf = Schiffskörper ohne „Takelage“, Ruder und Segel

Schauerleute = Hafenarbeiter, die Frachtgut stauen und verladen

Schiffsschnabel = eisenbeschlagene Spitzen am Bug altrömischer Kriegsschiffe, mit denen feindliche Schiffe gerammt und versenkt werden konnten („Rostrum“).

Seegang = Wellenbewegung des Meeres

Seemeile = Entfernungsangabe auf See. 1 sm = 1,852 km

Skorbut = schwere Krankheit, die bis ins 18. Jahrhundert hinein Seeleute bekamen, weil in ihrem Essen zu wenig Vitamin C war. Der englische Kapitän George Anson beobachtete im Jahr 1747 auf seinem Schiff „Salisbury“, dass frische Früchte und frisches Gemüse den Ausbruch der Krankheit verhinderten. Seitdem wurden ausreichend Frischgemüse (Karotten, Zwiebeln zum Beispiel), Sauerkraut und Zitronen an Bord genommen.

Smutje = Schiffskoch. Ein niederdeutscher Begriff, der „Schmutz“ oder „Rauch“ bedeutet – die →Kombüse war beim Kochen sehr verräuchert, und bei hohem Wellengang konnten schon einmal Küchenboden oder Koch schmutzig werden.

Steuerbord = rechte Seite (dort, wo ursprünglich das Steuer gehalten wurde)

Tampen = ein (kurzes) Stück → Tau, aber auch das Endstück einer Leine

Tau = ein dickes Seil

Toppen entern = zur Mastspitze klettern

Zampel = Seesack des Matrosen, in dem er sein persönliches Hab und Gut aufbewahrt.

Boßeln, Fischerstechen, Schiff auf hoher See

Tauziehen

Material: langes Tau
Alter: ab 5 Jahren
Gelände: Wiese, Strand oder flaches Wasser

Auf dem Gelände wird eine Mittellinie markiert: mit Kleidungsstücken, Sand, oder – im Wasser – mit einer Korkleine. Die beiden Gruppen haben gleich viele oder ungefähr gleich starke Mitglieder. Nun geht es darum, die andere Partei auf seine Seite zu ziehen. Verloren hat auch die Gruppe, die hingefallen ist. Vielleicht sind ihre Gegner so raffiniert gewesen und haben plötzlich die Spannung aus dem Seil genommen.

Rettungstau

Material:, langes Tau
Alter: Schwimmer ab 7 Jahren
Gelände: Schwimmbad

Zwei Gruppen stehen nebeneinander am Beckenrand. Jede hat ein langes Seil, das bis zum gegenüberliegenden Beckenrand reicht und von einem Spieler gehalten hat. Auf Kommando versuchen nun beide Gruppen, ihren Matrosen zu retten. Da die Matrosen bei hoher See schon viel Wasser geschluckt haben, können sie sich nicht bewegen und liegen starr im Wasser.

Variante: Für eine Staffel werden die Regeln so erweitert: Sobald der gerettete Matrose anschlägt, springt der nächste mit dem Tau ins Wasser, schwimmt zum gegenüberliegenden Beckenrand und lässt sich in der beschriebenen Weise „retten". Welche Gruppe hat zuerst alle ihre Matrosen gerettet?

Boßeln

„Boßeln" oder „Klootschießen" wird schon seit Jahrhunderten an Küsten gespielt, vor allem in Friesland, aber auch in Irland. In Holland wird das Spiel bereits im 14. Jahrhundert erwähnt: 1485 verbot der Rat der Stadt Amsterdam das Klootschießen mit Eisenkugeln, weil dadurch die Stadtmauern beschädigt und die Bürger gefährdet würden. Früher wurde es auf den hartgefrorenen Marschwiesen, heute in der Regel auf asphaltierten Wegen gespielt. Die echten Boßler haben schwere Holzkugeln. Deshalb wird bei den Wettkämpfen das Gelände auch immer in einer Breite von 50 und in einer Länge von mindestens 150 Metern abgesichert. Wir begnügen uns mit Bocciakugeln.

Material: Holz- oder Bocciakugeln
Alter: ab 5 Jahren
Gelände: fester Sandstrand oder asphaltierter Feldweg

Die Regeln sind denkbar einfach: Jede Gruppe wirft auf einer abgesteckten Bahn ihre Kugel so weit wie möglich, bis sie zur Ruhe kommt. Die Partei hat gewonnen, deren Kugel zuerst ein vorher bestimmtes Ziel erreicht hat oder nach einer vereinbarten Zeit vorn liegt. Dabei können ziemlich lange Strecken zurückgelegt werden.

Schiff auf hoher See

Material: Tau
Alter: ab 7 Jahren

Zwei Spieler fassen die Tauenden und lassen das Tau auf dem Boden liegen. Der Spieler, der das Schiff darstellt, steht neben dem Tau. Dann beginnen die beiden Tauschläger, das dicke Seil leicht zu bewegen, so dass Wellen entstehen, über die das „Schiff" hüpfen muss. Jetzt nimmt der Sturm zu, die Wellen schlagen höher, und das Schiff muss schon ordentlich springen, um nicht unterzugehen. Jedes Mal wird im Rhythmus des Tauschlagens gesprochen: „Und – das – Schiff – auf – hoher – See". Nach mehreren Durchgängen oder wenn das Schiff von den Wellen berührt worden ist, wird gewechselt.

Fischerstechen

Mancher wird im Urlaub an einem bayerischen See oder an einer Gracht (eine Wasserstraße) in Holland schon den Brauch erlebt haben, bei dem sich Gegner auf zwei Booten versuchen, mit langen Holzlanzen ins Wasser zu stoßen.

Material: 2 Luftmatratzen, 2 Besenstiele, Kissen oder Lappen, starker Bindfaden
Alter: Schwimmer ab 6 Jahren

Jeweils zwei Kinder auf zwei Luftmatratzen kämpfen gegeneinander. Da der Untergrund sehr schwankend ist, knieen Jüngere sich besser hin. Ihre Lanzen sind Besenstiele, an die Kissen festgeschnürt oder viele Lappen gewickelt wurden, um sie gut zu polstern. Wer den Gegner ins Wasser gestoßen hat, tritt gegen den nächsten an, bis es zur Endausscheidung kommt.

Die kärgliche Schiffermahlzeit

Wie die meisten Eintöpfe auf der Welt wird auch dieser nach den Vorräten zusammengestellt, die gerade vorhanden sind. Im Mittelalter gab es natürlich noch keine Kartoffeln, damals wurde im Unterschied zum heutigen Labskaus Erbsbrei verwendet. Wir stellen eine klassische Version vor und eine „schnelle", die eher zu unseren Geschmacksgewohnheiten passt und relativ einfach zubereitet werden kann.

Schneller Labskaus

Zutaten: 500 g Kartoffeln, 500 g Corned-Beef, 1 l Wasser, Lorbeerblätter und Pfefferkörner nach Geschmack, etwas Salz, Fett zum Braten, 3 mittelgroße Zwiebeln, 4 Gewürzgurken, Kartoffelstampfer; evtl. 4 Eier

Zubereitung: Kartoffeln würfeln, 1 Zwiebel schälen. Alles zusammen mit Pfefferkörnern, etwas Salz und Lorbeerblättern im Wasser weich kochen. Wasser in Gefäß gießen und beiseite stellen. Kartoffeln zu Brei stampfen, das Corned-Beef untermischen. So lange Kochwasser zugießen, bis ein zäher Brei entsteht. Mit Salz und Pfeffer abschmecken, warm stellen. Die beiden anderen Zwiebeln in Ringe schneiden, in Fett braten und auf den Labskaus streuen. Dazu gibt es für jeden 1 Gewürzgurke.
Damit der Brei besser rutscht, kann auch noch zusätzlich ein Spiegelei pro Portion gereicht werden.

Labskaus für Klaus, Margarete und ihre Freunde

Zutaten: 500 g Trockenerbsen, je 250 g gepökeltes Rind- und Schweinefleisch, Lorbeerblätter, Pfefferkörner, Salz, 3 l Wasser, 3 Zwiebeln, Schweineschmalz, Salzgurken, Fleischwolf

Zubereitung: Erbsen über Nacht in 2 l Wasser einweichen. Anschließend in dem Wasser weich kochen und salzen. Das Pökelfleisch zusammen mit 1 Zwiebel, Pfefferkörnern, Salz und Lorbeerblättern

kochen. Bevor das Fleisch gar ist, die Erbsen zugeben und alles zusammen gar kochen. Pfefferkörner und Lorbeerblätter herausnehmen, Kochwasser in ein Gefäß schütten und die Masse durch den Fleischwolf drehen. So viel Kochwasser zugießen, bis ein zäher Brei entsteht. Mit Salz und Pfeffer abschmecken und warm stellen. Zwiebeln in Ringe schneiden und in Schweineschmalz goldbraun braten. Den Labskaus in flache Schüsseln verteilen und mit den Zwiebelringen bestreuen. Dazu gibt es Salzgurken.

Süßer Schiffszwieback

Schiffszwieback (der auch beim Militär verwendet wurde) ist ein haltbarer Zwieback, dem vor dem Backen Hefe oder Sauerteig zugesetzt wird. Der Name bedeutet, dass das Gebäck aus Weizenmehl, Fett, Zucker und eventuell Milch – das im ursprünglichen Zustand „Einback" heißt – noch ein zweites Mal gebacken wird. Das folgende Rezept meiner tschechischen Schwiegermutter schmeckt den Piraten garantiert besser als der harte, uralte und oft von Maden wimmelnde Zwieback, den es auf den Schiffen gab

Zutaten: 7 Eiweiß, 180 g Zucker, 1 Päckchen Vanillezucker, 160 g Mehl, 100 g Butter, Semmelbrösel, Puderzucker

Zubereitung: Die Eiweiße zu festem Schnee schlagen, Zucker und Vanillezucker dazugeben, das Mehl vorsichtig einrühren und zum Schluss die aufgelöste, lauwarme Butter beimischen. Den Teig in eine gut ausgebutterte und mit Semmelbröseln ausgestreute Kastenform geben und bei niedriger Hitze etwa 45 Minuten backen (Hölzchenprobe machen). Aus der Form nehmen, abkühlen lassen. In dünne Scheiben schneiden und im Ofen auf einem Backblech leicht rösten. Noch warm von beiden Seiten in Puderzucker wenden. In einer Blechdose aufbewahrt, bleiben die Zwiebäcke knackig.

Variation: Der Teig kann mit fein gemahlenen Haselnüssen oder Mandeln verfeinert werden.

Das große Seefahrt-ABC

(Refrain)
Das große Seefahrt-ABC
kennt jeder Matrose, auf der weiten See!
Das große Seefahrt-ABC
kennt jeder Matrose ole!

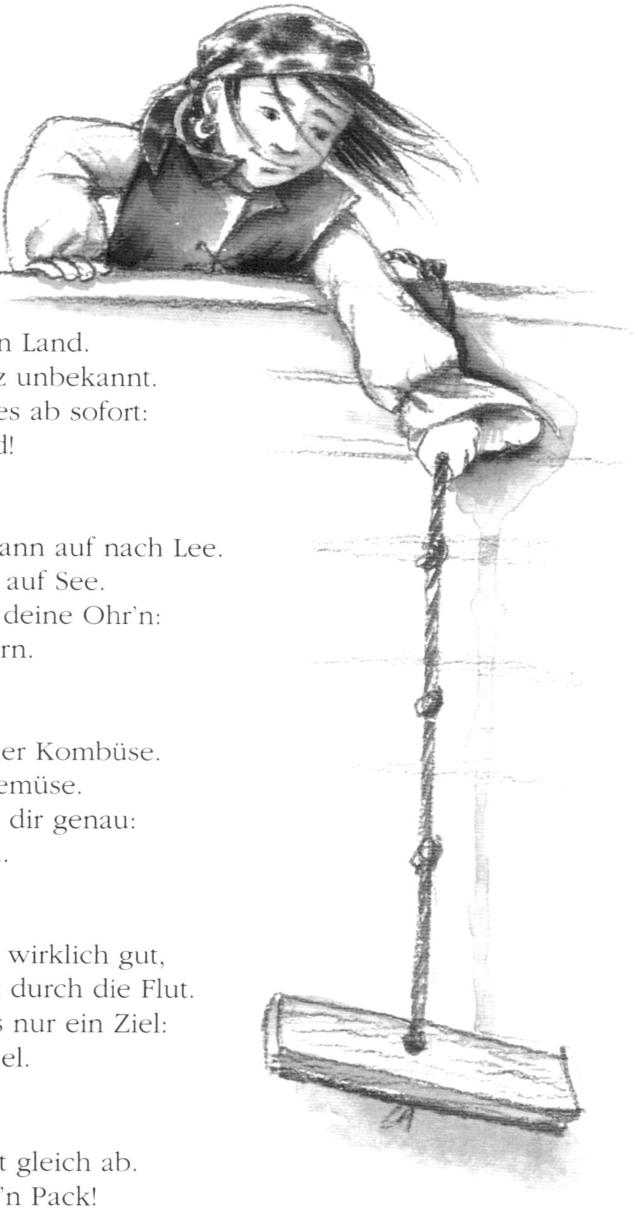

1.
Auf 'nem Schiff ist alles anders als am festen Land.
Vielleicht sind dir ein paar Worte nicht ganz unbekannt.
Wenn du mit uns fahren willst, dann heißt es ab sofort:
Backbord, das ist links, rechts ist steuerbord!

2.
Wind kommt immer nur von Luv, er brist dann auf nach Lee.
Mit dem Steuerruder wird das Boot gelenkt auf See.
Wenn du mit uns fahren willst, dann spitze deine Ohr'n:
Achtern ist das Heck – Bug, das ist ganz vorn.

3.
Smutje, so heißt unser Koch, der kocht in der Kombüse.
Gegen den Skorbut gibt es Zitronen und Gemüse.
Wenn du mit uns fahren willst, dann merke dir genau:
Seile heißen Tampen und dicke heißen Tau.

4.
Wenn du viele Knoten machst, dann ist das wirklich gut,
denn dann macht das Schiff eine gute Fahrt durch die Flut.
Wenn du mit uns fahren willst, dann gibt es nur ein Ziel:
Immer zwei Faden Wasser unter unser'm Kiel.

5.
So, nun wird es höchste Zeit, wir legen jetzt gleich ab.
In die Koje mit dem Zampel, zu dem ander'n Pack!
Wenn du mit uns fahren willst, dann hast du großes Glück:
Einmal See – immer See – und kein zurück!

Text und Musik: Rudi Mika

Dieses Lied und noch viel mehr Musik und tolle Geschichten aus der Seemannskiste gibt es auf dem Tonträger (MC oder CD, s. Anhang, S. 130)

Das große Piratenfest

Genauso unterschiedlich wie die Herkunft und der Alltag der Piraten waren natürlich auch ihre Feste: Die Vitalienbrüder, ein Haufen rauer Gesellen, die nach der Eroberung von Gotland ihren Sieg feierten, bevorzugten sicher andere Vergnügungen und Tafelfreuden als die Gefolgsleute der vornehmen französischen Staatspiraten Jean Ango père et fils – galten diese doch als Förderer der schönen Künste und konnten sich sogar in Versen ausdrücken. Oder Chaireddin, der nicht nur die afrikanische Mittelmeerküste beherrschte und vom osmanischen Sultan Suleiman zu seinem Großadmiral ernannt wurde: Es wird berichtet, dass er regelmäßig Gelage veranstaltete, zu denen seine Unterführer einluden und besonders raffinierte Gerichte ihres jeweiligen Heimatlandes auftischten. Sogar Preise wurden für die besten Rezepte ausgesetzt.

Aber bevor gefeiert werden kann, müssen unsere beiden Helden Klaus und Margarete mit ihren Seeräuberkumpanen gemeinsam erst die Lebensmittel nach Stockholm bringen, wo sie dringend gebraucht werden.

Die List der Vitalienbrüder

Einträchtig knien Margarete und Klaus nebeneinander auf dem Deck und schrubben die Schiffsplanken. Das ist zwar nicht gerade die Art von Tätigkeit, die sie sich auf einem Seeräuberschiff gewünscht haben. Aber sie sind zufrieden, weil sie nun schon drei Wochen lang auf der „Seetiger" mitfahren dürfen.
Störtebeker hat sie erst mächtig angeschnauzt, als Knut dem Kapitän die beiden blinden Passagiere vorführte. Dann durften sie sich aber doch eine Ecke zum Schlafen bei der Mannschaft suchen. Dort ist es auch nicht gerade bequem, und Klaus denkt manchmal sehnsüchtig an sein Bett zu Hause, mit dem warmen Strohsack. Viel Zeit für Heimweh-Gefühle haben die beiden jungen Kaperfahrer aber nicht. Vor allem für Margarete ist fast alles neu auf einem Schiff, und sie fällt jeden Abend todmüde in Schlaf.
„Rein-Schiff machen", hat Knut ihnen befohlen. Der Seeräuber mit der schrecklichen Narbe im Gesicht ist ein gutmütiger Kerl und kümmert sich um die Kinder. Manchmal muss er sie auch vor den rauen Späßen der anderen in Schutz nehmen. „Wenn ihr fertig seid, dürft ihr in den Mastkorb klettern. Mal sehen, wer schneller oben ist."
Die See ist ruhig. Klaus und „Heyno" – mit diesem Namen hat er seine Freundin Knut und den anderen Mannschaftskameraden vorgestellt – sind fast gleichzeitig am Ziel. Sie springen in den Mastkorb und grinsen sich an. Hier oben sind sie ungestört und können ein paar Worte als Freund und Freundin miteinander wechseln.

„Denkst du auch manchmal an deine Mutter?", fragt Margarete. Klaus nickt nachdenklich. Was die Geschwister zu Hause jetzt machen? Und ob sein Vater ohne ihn, den Ältesten, mit dem Fischerboot zurechtkommt? Er wischt die Gedanken beiseite und antwortet trotzig: „Ich will das aber nicht. Das ist Kinderkram! Wenn wir Seeräuber sein wollen, dann müssen wir durchhalten."

Hart ist es schon, bei Wind und Wetter auf dem Schiff zu arbeiten. Margarete und Klaus schauen sich ihre Hände an. Die sind ganz rot, an einigen Stellen haben die Taue die Haut aufgerissen. Und das Salzwasser sorgt dafür, dass die Wunden brennen und nicht richtig verheilen.

„Meine Mutter hat eine Salbe dafür, aber das nützt uns jetzt nichts", seufzt das Mädchen. Sie hat mit der neuen Umgebung anfangs besonders viele Probleme gehabt. Die ungewohnte Arbeit, das ständige Schlingern des Schiffs und die unendliche Weite des Wassers waren fast zu viel für Margarete. Manchmal hat sie heimlich daran gedacht aufzugeben. Aber jetzt sind ihr viele Handgriffe schon ganz selbstverständlich. Und eben hat sie bewiesen, dass sie beim Klettern fast genauso schnell wie Klaus ist. Er hat ihr geraten, nicht hinunterzuschauen. So geht es tatsächlich leichter.

Wenn nur nicht die schreckliche Langeweile wäre. Sie kreuzen auf der Ostsee, und es ist ihnen noch kein einziges fremdes Schiff begegnet. Die Mannschaft wird langsam ungeduldig. Abends gibt es manchmal Streit. Knut meinte gestern, dass sie bald vor Stockholm sein müssten. Ob sie allerdings ihren Auftrag erfüllen und die Schiffsladungen mit Getreide, Hering, Honig Bier und Erbsen ausladen können, ist noch ungewiss. Erst müssen sie an den dänischen Kriegsschiffen vorbeikommen.
Die beiden starren angestrengt in die Dämmerung. Im nächsten Moment schreien beide gleichzeitig: „Land in Sicht! Land in Sicht! Backbord voraus."
Schon haben sich einige Seeräuber unter dem Mast versammelt. „Wehe, ihr habt euch das nur ausgedacht. Dann Gnade euch Gott!", droht ein riesenhafter Kerl mit einem roten Bart. Klaus und Margarete rufen aber ganz unbekümmert weiter: „Land in Sicht! Land in Sicht!"
Die „Seetiger" segelt an der Spitze der Kaperfahrer. So sind sie die ersten, die den schmalen Streifen Land am Horizont entdeckt haben.
Knut brüllt Befehle und fordert die Kinder auf herunterzukommen. Die Hauptleute verständigen sich, dass die Schiffe zunächst vor der Küste ankern und den nächsten Morgen abwarten. Erst dann soll entschieden werden, ob sie die Fahrt in den Hafen von Stockholm versuchen.

Die Luft ist noch mehr abgekühlt. Besorgt schaut Knut zum Himmel und brummelt: „Hoffentlich wird der Frost nicht stärker." In der Nacht werden die Kinder durch ein merkwürdiges Knirschen und Ächzen am Schiffsrumpf geweckt. Als sich keiner der anderen Männer rührt, drehen sie sich auf die andere Seite und sind bald wieder eingeschlafen.

Der nächste Tag bringt einen wolkenlosen Himmel und klirrenden Frost. Als Margarete und Klaus auf Deck kommen, steht Knut schon mit Störtebeker und zwei Männern von Nachbarschiffen an der Reling. Die Kinder schauen aufs Wasser, und nun wissen sie, was die nächtlichen Geräusche zu bedeuten hatten.
Da ist nämlich kein Wasser mehr! Die Ostsee ist zugefroren. Dicke Eisschollen sind in der Nacht vom Land her aufs Meer getrieben und haben sich rund um die Schiffe aufgetürmt. Die Kaperer sitzen fest, bewegungsunfähig vor der von Feinden besetzten Küste. Und Störtebeker sagt gerade zu Meister Hugo, dem Anführer der Kaperflotte: „Jetzt fehlt nur noch, dass vom offenen Meer her die dänischen Kriegsschiffe kommen."

Eine Festung aus Eis

Die vier Männer gehen nach achtern und reden dabei heftig aufeinander ein. Klaus hat sich einem Schauspiel auf dem gefrorenen Eis zugewandt. Er lacht laut und zeigt Margarete eine Gruppe von Seeräubern: „Jetzt guck dir mal die an. Wie die kleinen Kinder." Die Männer rutschen auf den Füßen, auf dem Hintern oder auf dem Bauch über das Eis und schreien dabei vor Vergnügen. Die Kinder klettern über Bord und schließen sich den Spaßvögeln an.
Ganz außer Atem kommen sie auf ihr Schiff zurück. Dort scheinen die Beratungen zu einem Ergebnis geführt zu haben. Jedenfalls schlägt Störtebeker Meister Hugo auf die Schulter.
„Grätuliere, Meister Hugo! Da habt ihr eine verteufelt gute Idee ausgeheckt."
Kurz darauf lässt Störtebeker seine Leute antreten. Auch auf den anderen Schiffen ertönen Kommandos. Der Seeräuberkapitän setzt ihnen den Plan auseinander: „Alle gehen an Land und schlagen so viel

Holz wie möglich. Die weniger Kräftigen schneiden die Äste ab und bearbeiten die Stämme so, dass sie gut aufeinandergeschichtet werden können. Wir brauchen so viele Baumstämme, dass wir damit einen zweifachen Wall um unsere Schiffe errichten können. Zum Schluss wird Wasser über das Holz gegossen. Dann sollen die Dänen ruhig kommen."
Jeder hat sofort verstanden, was das bedeutet. Das Eis, das sie eingeschlossen und bewegungsfähig gemacht hat, soll sie nun schützen.
Knut kann die Männer gar nicht so schnell einteilen, wie sie an die Arbeit gehen wollen. Endlich gibt es etwas zu tun. Nach Einbruch der Dunkelheit sind die Stämme aufgestapelt, Klaus und Margarete schleppen eifrig Wasser im Pütz herbei, und der Smutje leert die Eimer über den Stämmen aus.
Bald sind die Schiffe von einer regelrechten Mauer aus Holz und Eis umgeben.

Als die Dänen im Morgengrauen über das Eis kommen und die Schiffe erobern wollen, rutschen die meisten Soldaten an den vereisten Stämmen ab. Wer es tatsächlich geschafft hat, auf die Mauer zu klettern, der wird von den hochragenden Schiffsdecks und aus den Mastkörben mit einem Hagel an Geschossen empfangen.
Die dänische Übermacht – es sind mindestens viermal mehr Soldaten als mecklenburgische Kaperfahrer – muss sich nach kurzer Zeit zurückziehen, begleitet vom Spott der Verteidiger.

Am nächsten Tag wird ein neuer Kriegsrat abgehalten, dieses Mal auf Meister Hugos Schiff. Der Kaperkapitän nimmt ganz richtig an, dass die Dänen keine Ruhe geben werden. Gerade hat ein Kundschafter gemeldet, dass die feindlichen Soldaten ebenfalls Bäume fällen und an einer Art riesiger Schleuder und an einem Gerüst arbeiten.
„Vielleicht wollen sie unsere Schiffe in Brand schießen. Und wenn sie ein hohes Gerüst bauen, können ihre Armbrustschützen von dort aus unsere Schiffsdecks erreichen", vermutet Störtebeker.
Meister Hugo hat sich aber bereits eine neue List ausgedacht, mit der er die Dänen endgültig in die Flucht schlagen will.
Im Dunkeln schleichen die Seeräuber aufs Eis und hacken so leise wie möglich in regelmäßigen Abständen Löcher in die Eisdecke. Die abgeschlagenen Brocken werden wieder in die Löcher geworfen. Und am nächsten Morgen hat der starke Frost die Stellen mit einer neuen, dünnen Eisschicht überzogen.
Da kommen schon die feindlichen Soldaten und ziehen eine riesige Wurfmaschine und drei hohe Gerüste hinter sich her. Kaum sind die ersten Hundertschaften mit der Schleuder auf dem Eis, brechen sie ein und fallen ins kalte Ostseewasser. Bis die

nachdrängenden Truppen verstanden haben, was sich da vorne abspielt, sind sie ebenfalls eingebrochen.
Die Reste der großen dänischen Armee fliehen vor den Kaperfahrern. Vier Tage später kommt ein lauer Wind aus Westen und taut die Eisdecke allmählich wieder auf. Die Kaperflotte kann ungehindert in den Hafen von Stockholm einlaufen.

In der schwedischen Hauptstadt werden sie mit unbeschreiblichem Jubel empfangen. Es scheint, als sei die ganze Stockholmer Bevölkerung versammelt, um die mutigen Vitalienbrüder zu begrüßen. Ihr listenreicher Sieg über die vierfach überlegene dänische Armee hat sich bereits herumgesprochen.
Sogar die vielen Kaufleute, die sonst überhaupt nicht gut auf Seeräuber zu sprechen sind, haben sich zum Hafen begeben, um den Befreiern persönlich zu danken.
Klaus und Margarete stehen an der Reling und sind stolz auf sich und die anderen. Klaus hat inzwischen von seinem Freund Knut genauso ein rotes Kopftuch bekommen, wie es der alte Haudegen besitzt. Und „Heyno" hat natürlich sein grünes Kopftuch umgebunden.

Im Stockholmer Hafen können sie direkt an der Pier festmachen. Knut beaufsichtigt noch das Löschen der Lebensmittelvorräte. Er hat den beiden jüngsten Besatzungsmitgliedern erlaubt, schon an Land zu gehen.

Das Geschenk des Handelsherren

Margarete und Klaus mischen sich unter die Menge. Überall klopfen ihnen wildfremde Menschen begeistert auf die Schultern, denn sie sind ja an ihren Kopftüchern als Seeräuber zu erkennen.
„Vater, Vater, schaut doch. Zwei Seeräuber, die nicht älter sind als ich selbst!" Ein blondes Mädchen im Pelz steht neben einem vornehm gekleideten Handelsherren und deutet auf die beiden Kinder.
Der Mann ruft Margarete und Klaus zu sich und fragt sie freundlich, ob er ihnen irgendeine Freude bereiten könne. Seine Tochter unterbricht ihn und entscheidet: „Erst einmal brauchen sie wärmere Kleider und Stiefel. Oder friert ihr etwa nicht?"
Die beiden Gestalten sehen tatsächlich zum Bemitleiden aus. Ihre Kleider sind verkrustet vom Salzwasser. Und seit der Arbeit auf dem Eis sind die Hosen und Hemden überall zerrissen und nur notdürftig geflickt. Die Kinder wissen ihr Glück kaum zu fassen und nicken nur stumm. Schon werden sie von dem jungen Mädchen untergehakt, und die Gruppe steuert auf ein mehrstöckiges Haus in der Nähe des Hafens zu.

Der Handelsherr heißt Johannes Pleskow und ist seit zehn Jahren in Stockholm, wo er zunächst mit Heringen und später auch mit Pelzen aus dem hohen Norden ein Vermögen verdient hat.
Das erfahren sie von Helga, der es großen Spaß macht, sich um ihre Gäste zu kümmern. Sie weist die Dienerin an, dass sie für die beiden jungen Seeräuber ein Bad bereitet. Margarete wartet so lange mit dem Ausziehen, bis Helga und auch die Dienerin gegangen sind. Sie will niemandem offenbaren, dass „Heyno" eigentlich ein Mädchen ist.
In dem großen Zuber aalen sich die Kinder in herrlich heißem Wasser, das mit einer wohlriechenden Flüssigkeit versetzt ist. Die Dienerin hat mehrere Kannen heißes Wasser dagelassen. So können sie das Badewasser noch einmal wechseln und sich anschließend gegenseitig mit den weichen Tüchern trocken rubbeln.

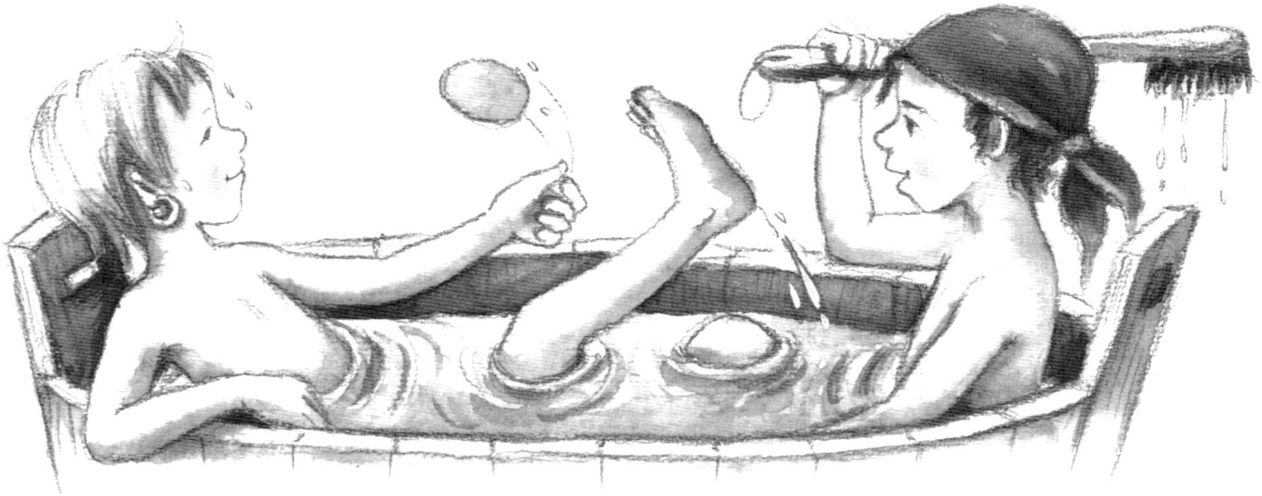

Auf einem Hocker sind prächtige Kleider ausgebreitet: Für jeden eine enge grüne Hose mit gelb abgesetzten Streifen, eine Bluse aus Leinen und ein dickes Wams, Schuhe aus weichem Leder und als Krönung zwei pelzbesetzte Kappen.
Die Kleider passen wie angegossen, und die Kinder drehen sich mehrmals um sich selbst, um sich gegenseitig zu bewundern. Sie entdecken auch noch für jeden eine Seemannskiste, und darin liegt eine zweite Hose und ein weiteres Wams.
„Jetzt fühle ich mich wie Käpt'n Ant, als er seinen Perlen-Schatz von dem morgenländischen Fürsten bekommen hat", sagt Klaus überglücklich. Die Dienerin ist wieder eingetreten und bittet sie zu Tisch. Sie verspricht ihnen, dass ihre alten Kleider und die Kopftücher ebenfalls in die Seemannskisten gelegt werden, wenn sie gewaschen und getrocknet sind.

Die beiden Kinder kommen in einen großen Raum, in dem um einen wuchtigen, langen Holztisch acht Stühle mit hohen Lehnen stehen. Der Hausherr und seine Tochter sitzen am oberen Ende. Der Tisch wird durch viele Kerzen erleuchtet. „Setzt euch." Einladend deutet der Handelsherr auf die beiden Stühle links und rechts neben sich und Helga. „Leider ist das Mahl sehr kärglich. Es war wirklich höchste Zeit, dass ihr mit Lebensmitteln gekommen seid."
Margarete und Klaus bedanken sich für die großzügigen Geschenke. Dann müssen sie Vater und Tochter in allen Einzelheiten erzählen, wie die Kaperfahrer die dänische Armee in die Flucht geschlagen haben.

Als die jungen Seeräuber am Abend mit ihren Seemannskisten und in ihren neuen Kleidern wieder aufs Schiff zurückkommen, werden sie mit großem Hallo empfangen. Auch die Kameraden wissen von Freigebigkeit und der ungewöhnlichen Gastfreundschaft der Stockholmer zu berichten. Die Ratsherren haben mit den Hauptleuten der Kaperfahrer vereinbart, dass es morgen ein großes Fest auf dem Marktplatz geben soll.
Knut sagt, dass sie in drei Tagen wieder auslaufen und ihren Ausgangshafen ansteuern werden. Dort wird überwintert, und im Frühjahr geht es auf neue Fahrt. Ob dann Klaus und „Heyno" wieder dabei sein werden? Sie wissen es selbst noch nicht so genau. Jetzt freuen sie sich erst einmal auf das Fest. Und heimlich denken beide daran, wie schön es sein wird, wieder zu Hause zu sein.

Aufnahme in die Piraten-Mannschaft

Seeräuber-Kapitäne waren immer auf der Suche nach Männern, die die Mannschaft ihres Schiffes verstärken konnten. Dabei mussten sie viel Menschenkenntnis aufbringen, um die „richtigen" zu finden: Sie sollten zu den Anderen passen, sich bei den häufigen Streitereien an Bord nicht unterkriegen lassen, aber den Befehlen des Kapitäns und der Offiziere blind gehorchen. Denn auf hoher See war es überlebensnotwendig, dass alle die passenden Handgriffe bei Segelmanövern beherrschten und genau nach den Anweisungen umsetzten.
Wenn bei den Überfällen auf ein Kauffahrer-Schiff einige aus der gegnerischen Mannschaft besonders tapfer gekämpft hatten, wurde den Gefangenen oft angeboten, in die Gemeinschaft der Freibeuter einzutreten. Da auf einen solchen „Verrat" in der Heimat die Todesstrafe drohte, bestätigte der Seeräuber-Kapitän manchmal schriftlich, dass der Mann zum Dienst bei den Piraten gezwungen worden war.

Für den Spielenachmittag oder das Piratencamp kann eine Aufnahmeprüfung organisiert werden. Sie sollte möglichst am und im Wasser stattfinden. Einige Aufgaben können aber auch als „Trockenübungen" angeboten werden. Wer nicht oder nicht so gut schwimmen kann, braucht sich nicht zu schämen: Seeleute können oft nicht schwimmen.
Nach erfolgreich bestandener Prüfung findet für alle Seeräuberinnen und Seeräuber das große Piratenfest statt

Das Logbuch des Piraten

Diese erste Aufgabe eignet sich auch gut als Einstieg in ein Wochenende oder einen Spielenachmittag oder ein Geburtstagsfest zum Thema Piraten.

Material: altes „Logbuch
Alter: ab 8 Jahren (für 8 – 50 Personen)

Die Spielleitung hat ein Leerseitenbuch als „Logbuch" vorbereitet: Es ist zerfleddert und eingerissen, mit Tintenklecksen und Brandflecken übersät. Das Logbuch enthält so viele Kapitel wie Kleingruppen gebildet werden sollen; jeweils über eine Seite sind wenige Stichwörter verteilt, die die Handlung andeuten.
Die Spielleitung hat sich als Pirat verkleidet. Wenn alle Teilnehmer im Saal oder auf der vorgesehenen Spielfläche versammelt sind, wird der Ablauf der Aufnahmeprüfungen erklärt. Dann wird die Geschichte erzählt, wie der Piratenkapitän in den Besitz des Logbuches gelangt ist. Möglichst dramatisch und abenteuerlich sollen in drei bis vier Minuten wilde Erlebnisse auf den sieben Weltmeeren berichtet werden. (Anregungen dazu finden sich reichlich im vorliegenden Buch und auf dem Tonträger – vielleicht können auch Passagen aus dem Tonträger vorgespielt werden.)
Die Kapitel im Logbuch sind nur unvollständig erhalten. Und wer künftig auf dem Piratenschiff mitfahren will, der muss die Lücken in den Kapiteln ausfüllen, so dass daraus eine richtige Geschichte entsteht.
Wer Zeit sparen will, kann sich die unten abgebildeten Kapitelseiten einfach kopieren und an die Gruppen verteilen.
Es werden so viele Kleingruppen gebildet wie Kapitel zu vervollständigen sind. Die

1. Kapitel
Ge
umgeben von der stürm-
schen
na
dunkelrot
behutsam auf
ar
Tag
2. Kapitel
Bald
ek
um
erblicken sie ein
abermals
Schönheit
und
3. Kapitel
Noch war es nicht
blankes Entsetzen
Flosse
setzen sich
Zelt
Pu
4. Kapitel
Das letzte
floss in Strömen
durchaus kein
tanzen
nie wieder
5. Kapitel
immer höher
riss
jählings auf die
rotbraun
Rauschen
gedacht
6. Kapitel
Formen
Muschelkalk
blökten
Bein
Holzf..
wirkte

Kandidaten für die Aufnahme in die Piraten-Crew sollen aber nicht nur mit den gerade noch erkennbaren Wortfetzen eine Geschichte aufschreiben. Sie müssen sie den anderen Gruppen auch als kleines Schauspiel vorführen, da die Seefahrer meist des Lesens unkundig waren. Dazu wird 20 Minuten Zeit gegeben.
Nacheinander stellen nach Ablauf dieser Frist die einzelnen Gruppen ihr „Kapitel" vor – pantomimisch oder auch mit Text oder sogar Gesang.

(nach einer Idee von Uli Geißler)

Rudern

Seeräuber müssen gute Ruderer sein. Deshalb besteht die zweite Aufgabe darin, eine bestimmte Strecke im Boot zurückzulegen.

Material: Obstkisten oder Pappkartons
Alter: ab 4 Jahren

Diese Prüfung findet auf dem Trockenen statt! Die angehenden Seeräuber knieen sich in ihre Ruderboote (Obstkisten oder Pappkartons). Sie rudern vorwärts, indem sie sich außen mit den Händen abstützen und mit den Kisten nachrutschen. Alle werden nach mehr oder weniger kurzer Zeit am vereinbarten Ziel ankommen.
(Dieses Spiel kann auch als Wettrudern ausgetragen werden.)

Knoten knüpfen

Material: Seil; evtl. Boot aus Pappkarton/Kiste
Alter: ab 6 Jahren

Mindestens ein Knoten muß fachgerecht geknüpft werden. Wie das geht, wird auf S. 89 ff genauer in Wort und Bild vorgestellt. Die Aufgabe kann auch anschließend ans Rudern gestellt werden. Für diesen Fall wurden die Boote bereits mit einem Seil versehen und müssen am Poller – z. B. einem Tischbein – festgemacht werden. Dass dafür ein Palstek nötig ist, weiß natürlich jeder Knotenkundige.

Balancieren

Material: dicke Taue oder Korkleinen
Alter: ab 6 Jahren

Mit dicken Tauen oder Korkleinen, die dicht über der Wasseroberfläche liegen, wird eine Verbindung zwischen zwei Ufern hergestellt. Wenn die Prüflinge über diesen schwankenden Steg auf die andere Seite kommen wollen, werden sie sicher einige Erfrischungsbäder nehmen.

Seemannssprache

Alter: ab 6 Jahren

Die angehenden Seeleute müssen einige Grundbegriffe aus dem Seefahrts-ABC beherrschen (s. auch Erläuterungen S. 92 ff): sie werden von der Spielleitung befragt. Was bedeutet
achtern – Backbord – Steuerbord – Knoten (Achtung: zwei verschiedene Bedeutungen!) – lee – luv – Moses – Smutje?

Schwingen

Beim Angriff auf ein feindliches Schiff mussten sich die Piraten oft auch an Tauen über die Reling schwingen.

Material: dickes Seil
Alter: ab 6 Jahren
Gelände: Wassergraben, schmaler Bach oder auf dem Trockenen

Ein dickes Seil wird so an einem Bau befestigt, dass die Piraten sich daran über einen Wassergraben oder eine vorher gekennzeichnete Stelle schwingen können.

Variante: Wenn im Gelände keine geeignete Stelle mit Bäumen gefunden wird, reicht auch ein Mutsprung „von Reling zu Reling". Auch geeignet für Jüngere.

Schwankender Schiffsboden

Seeleute sind leicht an ihrem „Matrosengang" zu erkennen: Sie sind es gewöhnt, die ständig rollenden Bewegungen des Schiffsbodens aufzufangen. Allerdings soll es auch alte Seebären geben, denen bei starkem Seegang schlecht wird ...

Material: ein großer viereckiger Holztisch
Alter: ab 5 Jahren, 2 Erwachsene

Der Holztisch dient als Schiffsdeck. Die angehenden Matrosen müssen nacheinander hinaufsteigen und das Gleichgewicht bei „schwerer See“ halten. Dafür nehmen die Erwachsenen die Tischbeine und schaukeln den Tisch (nicht zu heftig!) hin und her.

Die Piratentaufe

Material: Gartenschlauch, Gießkanne oder Luftballons und Schnur
Alter: ab 4 Jahren

Wenn es das Wetter zulässt, werden alle frischgebackenen Seeräuber nach erfolgreich abgelegter Prüfung getauft: Einfach mit einem Gartenschlauch abgespritzt oder mit einer Gießkanne begossen. Oder es findet eine „Mannschaftstaufe“ statt: Ein Seil wird zwischen zwei Bäumen gespannt; daran hängen so viele mit Wasser gefüllte Luftballons wie es Täuflinge gibt. Die Luftballons werden über den Piraten zum Platzen gebracht.

Das Fest beginnt: Einladung und Piratenkleidung

Die meisten der folgenden Vorschläge werden mit Älteren gemeinsam bzw. unter Anleitung eines Erwachsenen umgesetzt. Deshalb wird auf Altersangaben verzichtet.

Einladung

Zum Fest lädt die Spielleitung entweder mit einer Flaschenpost ein (s. S. 36), oder mit einem gefalteten Papierschiff (s. S. 52), auf das mit Buntstift Zeit und Ort des Festes vermerkt sind. Natürlich kann die Einladung auch als Schatzkarte aufgemacht werden: Der entsprechende Text und die geheimnisvolle Zeichnung führen geradewegs zum Ort des Geschehens. Oder es gibt eine geheimnisvolle Botschaft, die mit „unsichtbarer Tinte“ geschrieben wurde: Eine Mischung aus Zitronen- und Zwiebelsaft wird dazu benutzt, die Botschaft kann entziffert werden, wenn die Empfänger ihr weißes Blatt auf die Heizung legen.

Schminktips

- Die Augenklappe wird mit schwarzer Schminke aufgemalt (oder während des Festes gebastelt: aus schwarzem Tonkarton ausschneiden, 2 Löcher einstanzen und Gummi durchziehen).
- Bart und Bartstoppeln mit einem verkohlten Korkenende (die Korken aus der Flaschenpost!) auftragen.
- Frische Narben mit roter, alte Schrammen mit weißer Schminke aufmalen
- „Tätowierungen“ können mit einem Augenbrauenstift und Lidschatten nachgeahmt werden.

Piratenkleider

Ein richtiger Pirat braucht:

- Kopftuch oder schwarz angemalten Helm aus Papier (s. S. 52)
- weite farbige Bluse oder gestreiftes T-Shirt eine weite Hose mit Fransen oder eine schwarze Strumpfhose
- Ohrclips oder -ringe aus Gardinenringen (Faden durch jeden Ring ziehen und immer zwei über ein Ohr hängen)
- Halsketten, z. B. aus Muscheln (s. S. 70)
- breiten Schal als Gürtel

Kapitänshut

Material: roter Karton, schwarzes Krepppapier, schwarzes Tonpapier; 2 Musterklammern, Klebeband, schwarzer Stift

Den Karton in 2 gleich große Hälften falten, die Hutform aufzeichnen und ausschneiden

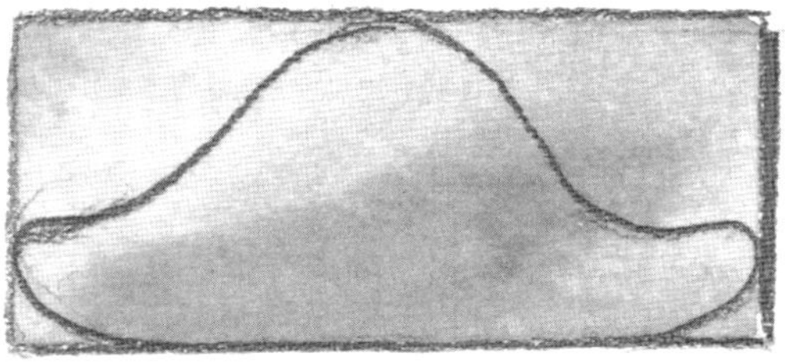

Schwarzes Krepppapier mit Klebebandstreifen festkleben.

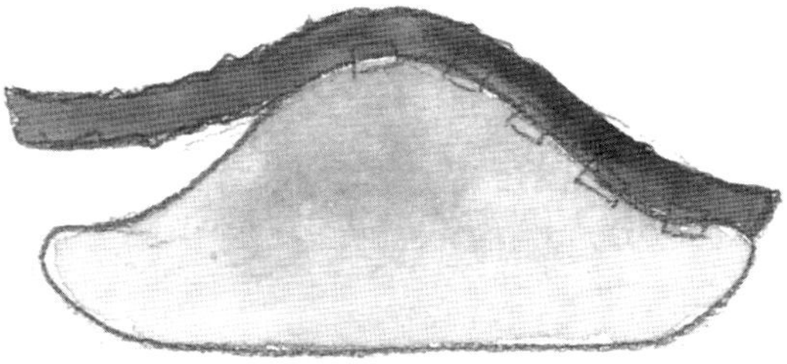

Totenkopf auf Tonpapier malen, ausschneiden und auf die Vorderseite der Hutform kleben. Mit schwarzem Buntstift den Rand des Hutes betonen.
Die Huthälften leicht umbiegen und an den Seiten mit Musterklammern zusammenheften.

Fernrohr

Material: 3 Papprollen (z. B. für Küchenpapier), schwarze Farbe und Pinsel, gelbe Bastelfolie, Schere, Klebeband, Klebstoff

Eine Rolle um ein Drittel, eine zweite um die Hälfte kürzen; alle drei Rollen schwarz anmalen.

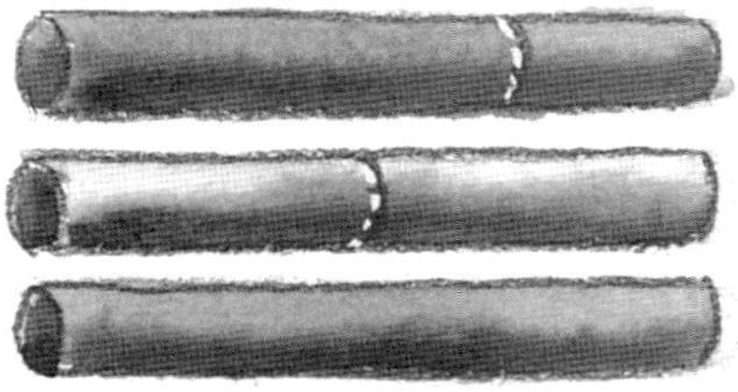

Die beiden verkürzten Rollen längs aufschneiden.

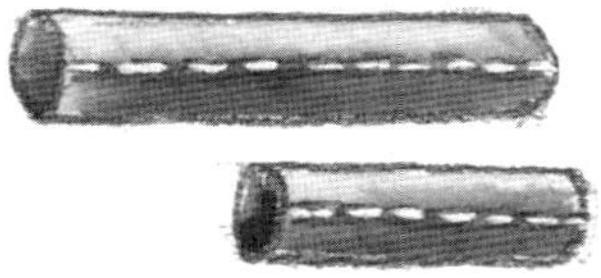

Die kurze Rolle etwas stärker, die mittlere weniger stark zusammendrücken und mit Klebeband fixieren. Die drei Rollen ineinander schieben.

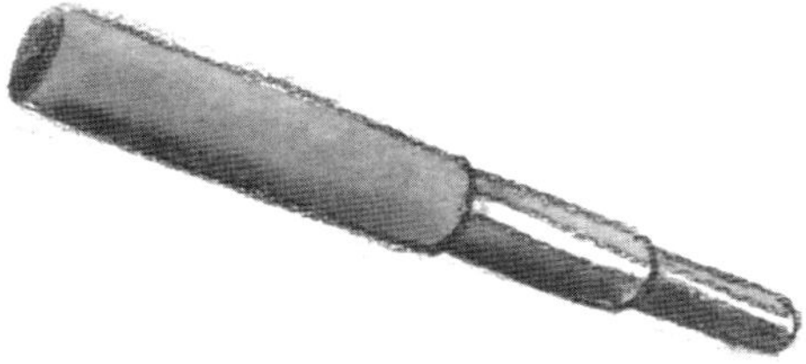

Vier Streifen gelbe Bastelfolie um die Rollen kleben. Fertig!

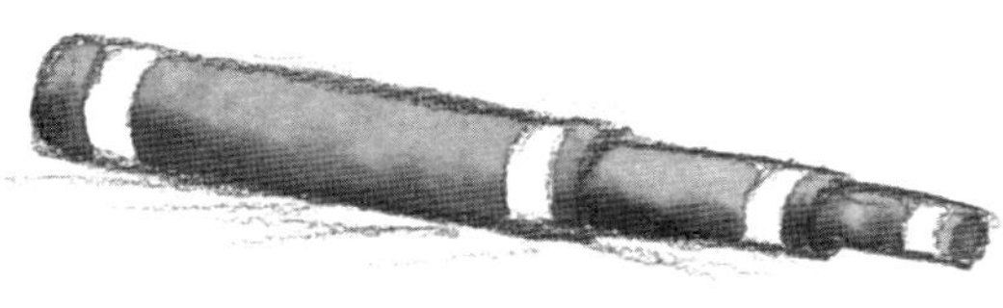

Totenkopfflagge

Ein umgedrehter Tisch oder umgedrehte Hocker sind das Piratenschiff bzw. die Boote. Mit einem Netz (z. B. aus dem Gartencenter) kann die Decke „abgehängt" werden.

Material: schwarzer Stoff, weiße Stofffarbe, Besenstiel, Blumenkübel mit Sand oder Sonnenschirmständer, langes Seil, Nähnadel und Faden

Auf ein rechteckiges Stück schwarzen Stoff wird mit weißer Stofffarbe ein Totenkopf oder ein anderes der abgebildeten Motive gemalt. Der Besenstiel dient als Mast: Das Seil wird an der oberen Ecke der Flagge angenäht und durch die Öse am Kopf des Besenstiels gezogen; nun das andere Seilende an der unteren Ecke der Flagge annähen – die Totenkopfflagge kann gehisst werden!

Instrumente fürs Piratenorchester

Für die Piratenschiffe wurden immer auch Musiker gesucht. Zum einen sollten sie die Mannschaft unterhalten, wenn es auf den wochenlangen Fahrten zu langweilig wurde. Wichtiger war aber auch ihr Beitrag beim Angriff auf ein Kauffahrersschiff: Immer wieder wird in den Quellen berichtet, dass den Besatzungen auf den Handelsschiffen die Haare vor Angst zu Berge standen, wenn die Piraten mit ohrenbetäubendem Geschrei, schrillen Flötentönen und dumpfem Trommelwirbel näherkamen.
Auf den Galeeren des Altertums übrigens wurde der Takt für die Galeerensklaven ebenfalls durch Musik angegeben. Nicht, wie meistens in Filmen und in Comics zu sehen ist, durch eine Trommel, sondern mit einer Flöte.

Trommeln

Alle Trommeln funktionieren nach dem selben Prinzip, aber sie geben ganz unterschiedliche Töne von sich – je nachdem, ob die Trommel bespannt ist, ob sie einen großen Hohlkörper besitzt, ob sie mit dem Handballen oder mit Trommelstöcken geschlagen wird …

Material: Papprohre mit verschieden großem Durchmesser, Luftballons, dicke Gummiringe, Messer, Schere; Konservendosen, Dosenöffener; Keksdosen, Papptonnen oder -kisten; Leisten, gerade Aststücke oder Kochlöffel aus Holz als Trommelstöcke
Alter: ab 4 Jahren mit erwachsener Hilfe

Für Bongos werden Pappröhren in Stücke von verschiedener Länge geschnitten. Aus Luftballons Kreise ausschneiden, die mindestens 2 cm über die Öffnungen stehen. Mit den Gummiringen befestigen. Unterschiedlich lange Pappröhren mit unterschiedlichem Durchmesser und unterschiedlicher Länge ergeben jeweils andere Töne. Sie werden meistens mit den Fingern oder dem Handballen geschlagen

Einfache Trommeln lassen sich aus umgedrehten runden Keksdosen oder aus leeren Waschmittelbehältern herstellen: Entweder mit der Öffnung nach unten hinstellen und mit den Trommelstöcken bearbeiten. Oder die Öffnung in der oben beschriebenen Art und Weise mit einem Fell aus Luftballon bespannen.

Blechtrommeln entstehen aus Konservendosen: Beide Deckel mit dem Dosenöffner entfernen, Konservendose auswaschen und die Öffnungen wie üblich bespannen.

Schlauchtrompete

Material: 1 Stück Gartenschlauch (ca. 100 cm lang), 1 m kräftige Schnur, 1 Trichter (Metall oder Plastik, aus dem Küchenschrank oder aus dem Haushaltwarengeschäft), Schere, Klebeband, scharfes Messer; evtl. 1 Stück Bambusrohr
Alter: ab 6 Jahren

Das Stück Gartenschlauch wird wie auf der Abbildung einmal rundgewickelt und mit der Schnur festgebunden. Der Trichter wird mit Klebeband an einem Ende befestigt.
Aus der Schlauchtrompete Töne hervorzulocken, ist nicht so einfach. So geht es: Lippen fest aufeinander und an die Schlauchöffnung pressen, mit der Zunge zwischen die Lippen stoßen, als würde man einen lästigen Krümel wegspucken. Auf jeden Fall gehört ein bisschen Übung dazu. Der Ton wird übigens höher, je stärker die Lippen auf das Mundstück gepresst werden.

Einfacher geht es mit einem Mundstück aus Bambusrohr. Das Rohr mit einem scharfen Messer auf einer Seite anschrägen und auf den Gartenschlauch schieben, wie auf der Zeichnung angegeben.

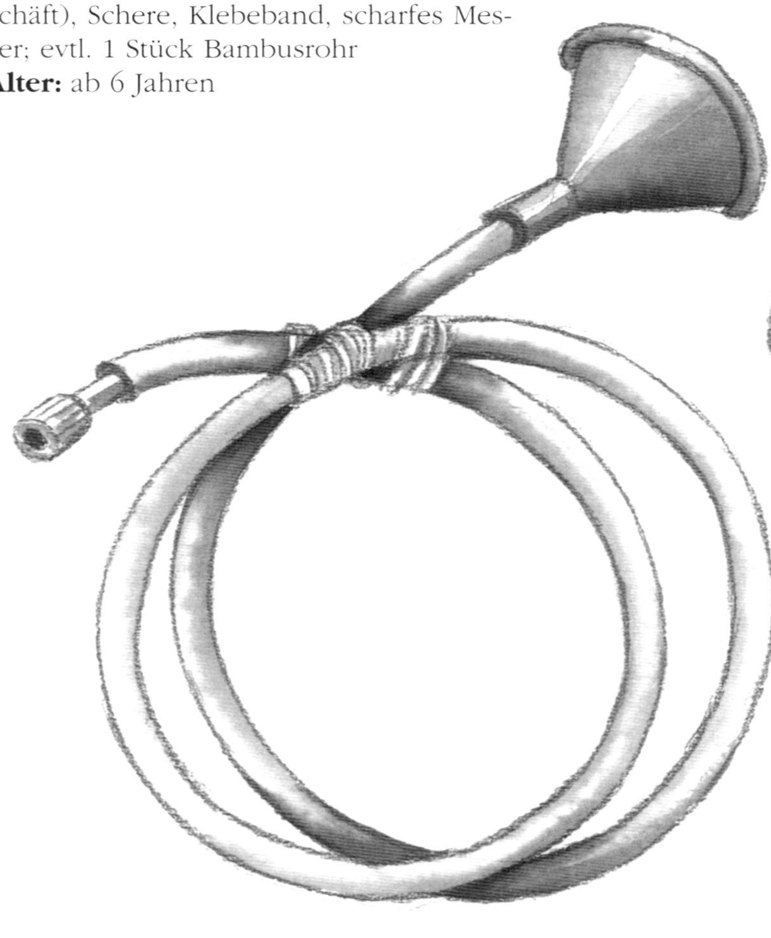

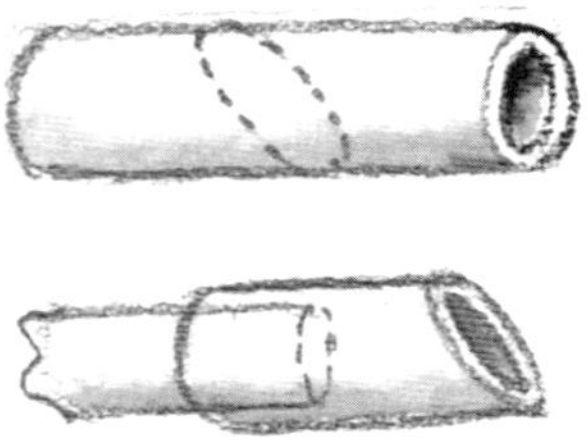

Das Festessen

Aus den überlieferten Rezepten der Feste, die der „Beschützer des Glaubens“ (so die Übersetzung des Ehrentitels Chaireddin) ausrichtete, haben wir eins ausgewählt für unser Piratenfest. Die karibischen Seeräuber liefern ein exotisches Getränk, und der Hansestadt Lübeck wird das köstliche Konfekt zugeschrieben, das eigentlich aus dem Orient stammt und zum Nachtisch serviert wird.

Bananensuppe indisch

Zur Zeit der englischen, holländischen und französischen Ostindienkompanien blühte im 17. und 18. Jahrhundert vor der Küste südlich von Bombay im Indischen Ozean die Piraterie. Und die Flotten mit ihren Ladungen, die zunächst die Niederlande und dann England zu Weltmächten aufstiegen ließen, machten auch die indischen Seeräuber unermesslich reich. Auch die exotischeren Zutaten für die indische Küche finden sich inzwischen in den meisten Städten im Feinkostgeschäft.

Zutaten: 150 g Zwiebeln, 300 g Bananen, 2 mittelgroße Äpfel, 1 l Wasser, 2 El Butter, 1 Becher süße Sahne, frische Minze, Salz und frisch gemahlener Pfeffer nach Geschmack, 1 Tl Kurkuma, 1 Tl geraspelter frischer Ingwer, je 1 Messerspitze Koriander, Kardamom, Nelken und Zimt

Zubereitung: Zwiebeln und Äpfel klein würfeln, Bananen längs vierteln und in Stücke schneiden. Die Gewürze im Mörser fein zerkleinern und die Sahne steif schlagen; beides beiseite stellen. Zwiebel in zerlassener Butter glasig dünsten, Bananenstücke und einen Schöpflöffel Wasser dazugeben, nach kurzer Zeit die Apfelstücke dazugeben. Ca. fünf Minuten köcheln. Restliches Wasser zugießen und die Gewürze aus dem Mörser mit dem Salz und dem Pfeffer einrühren. Kurz aufkochen lassen, von der Feuerstelle nehmen und den Ingwer und einen Teil der geschlagenen Sahne unterziehen. In Teller füllen und mit der restlichen Sahne und den gewaschenen Minzeblättern anrichten.

Scharf-süßer Spinatsalat

Zutaten für die Sauce: 150 g Joghurt, 2 El Zitronensaft, 2 El Öl, Pfeffer, gemahlener Koriander und wenig Cayennepfeffer nach Geschmack.
Für den Salat: 200 g Spinat, 2 Bananen, 3 El Kokosflocken

Zubereitung: Den Joghurt mit den anderen Zutaten für die Sauce und 1 El Kokosflocken vermischen. Spinat in Streifen schneiden. Bananen längs vierteln und klein schneiden. Bananenstücke und Spinatstreifen mischen und die Sauce vorsichtig darunterheben. Die restlichen Kokosflocken darüber streuen.

Hackbällchen „Il Moro"

Dieses Gericht wird Il Moro, einem Afrikaner, zugeschrieben, der als Sklave nach Italien verschleppt wurde und nach seiner Flucht nach Algier zum jüngsten und einem der erfolgreichsten Kommandanten unter dem algerischen Piratenführer Chaireddin aufstieg. Das Originalrezept besteht aus einer Mischung aus Hammel-, Rind- und Schweinefleisch

Zutaten: 1000 g Hackfleisch (Rind und Schwein gemischt), 1 alte Semmel, 1 Zwiebel, Salz, Pfeffer, 1 Ei, 2 Eigelb, Mehl, Öl, Wasser. Für die Sauce: 1 Zitrone, 2 Eigelb, 3 El süße Sahne

Zubereitung: Brötchen einweichen, Zwiebel fein hacken. Hackfleisch, Zwiebel, Brötchen, Salz, Pfeffer und Ei gut vermischen, bis eine feste Masse entsteht. Kleine Bällchen formen und in Mehl wälzen. 2 El Öl mit 2 Tassen Wasser zum Kochen bringen und die Fleischbällchen darin ca. 30 Minuten garen. In der Zwischenzeit die beiden Eigelb und die Sahne schaumig schlagen, den Saft einer Zitrone tropfenweise hinzufügen und zum Schluß in der Pfanne einrühren.

Kartoffelnudeln

Wolfram zu Mondfeld berichtet in seinem anregenden „Piratenkochbuch" (s. Literaturangaben im Anhang) von einem berühmten „Kartoffelbankett", das der französische Korsar Jean Fleury ausrichten ließ, nachdem er 1522 zwei spanische Galeonen mit Kostbarkeiten aus dem Kronschatz des Atzekenherrschers Montezumas erobert hatte. Die Franzosen hatten beim Entladen nämlich auch ein paar Säcke Kartoffeln gefunden, die damals in Europa noch fast unbekannt waren. 42 Gänge mit den unterschiedlichsten Zubereitungsarten der exotischen Knolle sollen damals aufgetischt worden sein.

Zutaten: 1 kg Kartoffeln, 150 g Mehl, 2 Eier, Salz, Muskat, Petersilie, 200 g Haselnüsse, Öl.

Zubereitung: Kartoffeln kochen, schälen und durch die Kartoffelpresse drücken. Mit Mehl, Ei, den Gewürzen und der fein gehackten Petersilie einen festen Teig kneten. Fingerdicke Röllchen formen und in der Pfanne oder der Friteuse, goldbraun backen.

Karibischer Kakaotrunk

Zutaten: 100 g Kakaopulver, 200 g Maismehl, 2 El Öl, 250 g Honig, 1 l Wasser

Zubereitung: Das (lauwarme) Wasser mit Kakao, Maismehl und Öl verrühren, kurz aufkochen, danach mit Honig süßen. Ein Getränk, das die karibischen Piraten von den Azteken übernommen hatten.

Marzipan

Zu einem richtigen Piratenfest gehören natürlich auch Süßigkeiten aus Marzipan. Sie sollen aus Lübeck, der führenden Hansestadt, stammen, kommen aber wahrscheinlich aus dem Orient und wurden zeitweise auch als „Haremskonfekt" (Harem war das Frauenhaus reicher orientalischer Kaufleute und Herrscher) bezeichnet.
Es gibt eine schöne Sage darüber, wie das Marzipan in Lübeck erfunden worden ist:

Im späten Mittelalter wurde die Stadt Lübeck wieder einmal belagert, und die Menschen hatten nichts mehr zu essen. In einem Speicher wurden noch größere Vorräte an Mandeln und Zucker gefunden. Daraus wurden Brote hergestellt, die allen sehr gut schmeckten. Ein besonders mutiger und schlauer Lübecker Bürger ging vor die Tore der Stadt und verteilte den Rest der Brote an die Feinde. Er behauptete, es gebe so viele davon, dass sie sonst verderben würden. Da gaben die Belagerer die Hoffnung auf, die Stadt aushungern zu können und zogen ab.

Ähnliche Geschichten werden auch in anderen Städten erzählt, Marzipan gab es aber schon viel früher, z. B. in Venedig, das damals eine reiche und mächtige Stadt war. Aus Italien stammt wohl auch das Wort Marzipan: Mit „Martzapane" bezeichnete man kleine Schachteln, und Gewürze und Konfekt wurden in dieser Zeit in kleinen Spanschachteln versandt.
Und warum wurde Marzipan im Mittelalter auch „Apothekenkonfekt" genannt? Ganz einfach: Nur die Apotheken durften die süßen Köstlichkeiten herstellen, bis dieses Vorrecht im 18. Jahrhundert verloren ging.

Zutaten für Mandelmarzipan-Masse: 200 g abgezogene Mandeln, 150 g Blütenhonig, 2 El Rosenwasser

Zubereitung: Mandeln sehr fein mahlen (Mandelmühle oder Küchenmaschine). Den Honig im Wasserbad vorsichtig erwärmen, falls er zu fest ist. Alle Zutaten so lange gründlich verrühren, bis nichts mehr an den Fingern klebt.

<u>Variation:</u> Statt Mandeln und Rosenwasser werden 200 g fein gemahlene Haselnüsse mit 150 g Honig vermischt. So entsteht Haselnuss-Marzipan

Dattelkonfekt

Zutaten: 200 g Datteln, 50 g Haselnussmarzipan (s. o.), 50 g Blütenhonig, 1/2 Tl Zimt, ganze und gemahlene Haselnüsse

Zubereitung: Datteln mit der Reibe fein zerkleinern und mit dem Haselnussmarzipan, dem Honig und dem Zimt verkneten. Aus der Masse „Datteln" formen und in gemahlenen Haselnüssen wälzen. Mit halbierter oder ganzer Haselnuss krönen. (Die Menge ergibt ca. 20 Marzipan-Datteln)

Farbiges Marzipan

Aus Marzipan-Masse, von der man für ein Fest einen größeren Vorrat anlegen sollte, können dann modelliert werden: Piratenschiffe, Piratenflaggen, Piratenhüte ... Dazu werden Teile der Marzipan-Masse abgetrennt und mit Lebensmittelfarben nach Bedarf gefärbt. Die örtliche Umweltberatung gibt Auskunft darüber, welche Hersteller unbedenkliche Lebensmittelfarben liefern.
Heute bringen uns Handelsschiffe viele exotische Früchte nach Europa. Damit kann auch etwas aufwendiger verschiedenfarbiges Marzipan hergestellt werden. Und zum Verzieren eignen sich z. B. Mandelhälften, Mandelstifte, Korinthen, Kokosraspeln, zerstoßene Pistazien, Walnuss-Stücke.

Gelbes Marzipan

Zutaten: 100 g getrocknete Mango, 50 g abgezogene, fein geriebene Mandeln, 1 Tl Zitronensaft, Honig nach Geschmack

Zubereitung: Mango mit Zitronensaft im Mixer zerkleinern, dann alle Zutaten gründlich verrühren. Wem das nicht süß genug ist, der fügt Honig hinzu.

Grünes Marzipan

Zutaten: 100 g Kürbiskerne, 50 g Honig

Zubereitung: Kürbiskerne im Mixer fein zerkleinern, dann alle Zutaten gründlich verrühren.

Rotes Marzipan

Zutaten: 100 g getrocknete Papaya, 50 g abgezogene, fein geriebene Mandeln, Honig nach Geschmack

Zubereitung: Papaya im Mixer fein zerkleinern, dann alle Zutaten gründlich verrühren. Wem das nicht süß genug ist, der fügt Honig hinzu.

Braunes Marzipan

Zubereitung: Die Marzipanmasse wird kurz unter dem Grill gebräunt.

Piratenfest, Floßfahrt und weitere Projektvorschläge

Piratenfest

Für den Piratengeburtstag oder zum Kostümfest mit dem Thema „Seeräuber" können die Gäste mit den Vorschlägen auf S. 115 eingeladen werden. Die Gastgeber sollten auch Schminkutensilien bereitstellen und – falls die Kinder nicht schon verkleidet kommen – eine Kleiderkiste zum Ausstaffieren. Große bemalte Packpapier-Stücke zaubern eine passende Hintergrundlandschaft an den Wänden, ein großes Betttuch ist das Segel, mit einem aufgemalten Totenkopf oder einer Totenkopfflagge (S. 117). Da Seeleute meistens ziemlich kärglich lebten, dienen als Sitzgelegenheiten Seekisten (Obstkisten oder stabile Pappkartons). Falls eine Übernachtung eingeplant ist, wäre natürlich eine Hängematte besonders attraktiv – vielleicht lassen sich bei den Eltern genügend Hängematten auftreiben. Allerdings muss dann auch geklärt werden, wie die Matten befestigt werden können. Sonst spielt sich die Schlafenszeit auf einem Seeräuberschiff zur Hansezeit ab: Da genügt eine einfache Decke auf dem blanken „Schiffsboden".

Hauptereignis eines Piratenfestes ist die große Schatzsuche (S. 74). Wenn das Fest bis in den Abend hinein dauert oder im Winter stattfindet und das Wetter mitspielt, können im nahegelegenen Bach oder in einer Wanne auf dem Balkon kleine „Leuchtschiffe" zu Wasser gelassen werden (S. 52). Kinder im Grundschulalter und Ältere können auch das Spiel „Das Logbuch des Piraten" (Beschreibung S. 110 und 112, Kopiervorlagen S. 111) ausprobieren.

Eine zünftige Schiffermahlzeit lässt sich aus den vielen Rezeptvorschlägen für jeden Geschmack zuammenstellen. Für geduldige Erwachsene noch ein heißer Tip: Es macht großen Spaß, gemeinsam Marzipanmasse herzustellen und daraus Piratenschiffe, Schatztruhen, Fernrohre ... zu formen (S. 123). Und natürlich wird die Musik auf dem Fest vom Odenwälder Shanty Chor geliefert (s. Tip, S. 130). Als Abschiedsgeschenk erhält jedes Kind einen Satz fotokopierter Spielpläne fürs „Schiffe versenken" (S. 76).

Kindergarten

Wasser ist für alle Kinder ein faszinierendes Element. Ein Projekt „Piraten und Seefahrer" könnte also mit vielen Erfahrungen beginnen, die die Kinder selbst schon mit dem Wasser gemacht haben.

Ein Blick auf den Globus zeigt, dass unser Planet aus viel mehr Meer als Land besteht (70,8 Prozent der Erdoberfläche sind von einer zusammenhängenden Wassermasse bedeckt).

Viele Kinder werden schon einen Urlaub am Meer verbracht haben, vorzugsweise an Nord- und Ostsee und am Mittelmeer. Da ist es interessant zu wissen, dass die Ostsee zunächst ein riesiger Binnensee

war, bis vor etwa 8.000 Jahren die Verbindung zur Nordsee zustande kam. Ostseewasser hat noch immer sehr viel weniger Salzgehalt als das Wasser in der Nordsee oder im Mittelmeer. Wer am Meer war, kann den anderen Kindern auch von Ebbe und Flut erzählen, und von Hochwasser und Niedrigwasser. Gemeinsam können dann weitere Informationen zum Thema Meer gesammelt werden.
Für den großen Stapellauf in einem Schwimmbassin oder auf einem kleinen Bach werden jede Menge Rindenboote (S. 52) gebastelt, für die das Material bei einer Wanderung im Wald gesammelt wurde. Und die Flaschenpost, die jedes Kind vorbereitet hat (S. 36), wird bei einem Ausflug dem Wasser anvertraut. Wer in der Nähe eines größeren Flusses wohnt, kann womöglich darauf hoffen, dass seine Flaschenpost tatsächlich gefunden wird. Also, Adresse nicht vergessen!
Am Vormittag in der Gruppe wird nach dem Vorbild des „Seemannsgarn-Liedes“ (S. 58) im Kreis eine unglaubliche Geschichte erzählt. Die Erzieherin hat ein dickes Knäuel mit Seemannsgarn in der Hand. Sie beginnt mit der Geschichte und wirft das Wollknäuel einem Kind zu, das die Geschichte weiterspinnt, das Knäuel dem nächsten Kind zuwirft undsofort. Anregungen gibt es auch auf dem Tonträger und in den Erzählungen von Käpt'n Ant auf den Seiten 44 ff. und 66 ff.
Die Geschichte von Klaus und Margarete eignet sich gut zum Vorlesen und stimmt auf die Vorbereitungen für das große Themenfest im Kindergarten ein. Für die Eltern wird eine Aufführung mit dem Shanty „Haul the bowline“ (S. 38) vorbereitet. Draußen gibt es eine Spielstraße, auf der einige „Trockenübungen“ und eine Piratentaufe (S. 114) angeboten werden. Oder das Projekt endet mit einem Besuch im Schwimmbad, wo die Kinder nach Absprache mit dem Bademeister die Spielvorschläge von S. 30 ff. ausprobieren können.

Schulprojektwoche, Ferienaktion

Eine Schulklasse oder eine Freizeitgruppe älterer Kinder kann sich intensiver mit dem harten Alltag der Seeleute beschäftigen (S. 80 ff. und Literaturhinweise) und sich darüber informieren, welche Handelsverbindungen zur Hanse in der näheren Umgebung bestanden (S. 17 ff.). Dazu ist auch ein Museumsbesuch möglich, der ja nicht unbedingt einen konkreten Bezug zu Schifffahrt und Meereskunde (s. Adressen S. 127) herstellen muss. Auch die regionale Geschichte der Handelsbeziehungen und der Situation im Mittelalter bindet sich gut in das Thema ein (s. dazu auch das bei Ökotopia erschienene Buch über städtisches Leben im Mittelalter von Ingrid R. Floerke und Bernhard Schön).
Falls eine Schulküche zur Verfügung steht, werden einige typische Seemannsgerichte nachgekocht (Rezepte auf den Seiten 56 f., 98 f. und 120 ff.), Schiffszwieback in unserer Version (S. 99) eignet sich auch sehr gut zum Verkauf während der Pause, vielleicht mit einem karibischen Kakaotrunk (S. 121) dazu.
Die nähere Beschäftigung mit der Wirklichkeit des Seeräuberlebens (S. 8 ff. und S. 60 ff.) und die parallele Lektüre von Abenteuerbüchern (s. Auswahl S. 128) zeigt, dass Romane, aber auch historische Quellen kritisch gesehen werden müssen. Mit dem Schiffs-ABC (S. 92 ff.) lässt sich eine Seefahrtsprüfung zusammenstellen, zu der auch das Knüpfen einiger Knoten (S. 89 ff.) und die Aufgaben auf S. 110 ff. gehören.

Als Höhepunkt lassen Grundschulkinder ihre selbst gebastelten Boote (S. 52 ff.) zu Wasser: Rindenboote, Papierschiffe, Buddelschiffe und einen Dampfer. Ältere Schüler bauen ein Floß, das sie auf einem Fluss oder Teich zu Wasser lassen können.

Wer als Ziel am Ende eines solchen Projektes einen Segeltörn plant, der kann sich mit Reiseveranstaltern in Verbindung setzen, die spezielle Angebote für Jugendliche machen.
Erlebnispädagogische Angebote auch für Wochenend- oder Tagesfahrten sind zu erfragen bei:
Ruhr-Piraten,
Thiesbürgerweg 25,
45145 Essen,
Tel. 0201 / 761408.

Museen und andere lohnende Ausflugsziele

Störtebeker und seine Vitalienbrüder sind an der Nord- und an der Ostseeküste lebendiger denn je. Störtebeker-Festspiele, unzählige Goedeke-Michels-Straßen und Störtebeker-Kneipen sorgen für die Ankurbelung des Fremdenverkehrs. Wer unsere Informationen über die deutschen Seeräuber und die Zeit der Hanse gelesen hat, der wird sich über manches Angebot wundern, eher aber amüsieren. Aber warum soll nicht ein Ausflug nach Marienhafe (zwischen Aurich und Norddeich) zum wehrhaften Kirchturm praktischen Anschauungsunterricht liefern – ob nun Störtebeker selbst aus dem Fenster die reich beladenen Hansekoggen beobachtet hat oder nicht. Die Störtebeker-Straße führt durch Ostfriesland zu allen Orten, die etwas mit dem Seeräuber und seinen Kumpanen zu tun hatten – sagen jedenfalls die örtlichen Fremdenverkehrsämter.
Informationen: VVE, Postfach 2310, 26703 Emden, Tel: 04921 / 97400.
Und wer die Seeräuber auf der Freilichtbühne erleben möchte, der kann sich in Bergen (auf Rügen) die jährlich wechselnden, im Sommer stattfindenden Störtebeker-Spiele anschauen. Die Landschaft, vor allem die berühmte Steilküste, ist auf jeden Fall sehenswert.
Störtebeker soll auch eine Stiftung hinterlassen haben, mit deren Hilfe in Verden a. d. Aller jedes Jahr am Montag nach Laetare (drei Wochen vor Ostern) Brot und Heringe an die Armen verteilt werden.
Information: Fremdenverkehrsamt Verden, Tel: 04231 / 12345

Einige Museen in Norddeutschland sind spezialisiert auf die Geschichte der Seefahrt, viele haben unter ihren Ausstellungsstücken auch Beuteteile von Piraten, andere machen mit der Flora und Fauna der Meere bekannt.

Nordseemuseum Bremerhaven
Am Handelshafen
27570 Bremerhaven
Tel: 0471 / 48310
(Meereskundliches Museum, unter anderem Dioramen zu Meerestieren)

Meeresmuseum Stralsund
Katharinenberg 15
18439 Stralsund
Tel: 03831 / 295135
(Zum Beipiel das Skelett eines gestrandeten Finnwales)

Aquarium Kiel
Düsternbrooker Weg 20
24105 Kiel
Tel: 0431 / 6001633
(Schaubecken mit Tieren aus der Nord- und Ostsee)

Biologische Anstalt Helgoland
(Meeresstation)
Postfach 180
27483 Helgoland
Tel: 04725 / 8190
(In den Schaubecken tummeln sich auch Hummer und Seehunde)

Wikingermuseum Haithabu
Archäologisches Landesmuseum der Christian Albrecht Universität
Schloß Gottorf
24837 Schleswig
Tel: 04621 / 813-300
(In der Hauptabteilung des Schleswigen Landesmuseums u.a. Moorleichen, im Wikingermuseum ein komplettes Wikingerschiff und andere Zeugnisse aus dem ehemaligen Haupt-Handelsort der Wikinger)

Altonaer Museum
Norddeutsches Landesmuseum
Museumstr. 23
22765 Hamburg
Tel: 040 / 42811-3582
(Zeugnisse aus der Geschichte der Seefahrt)

Deutsches Schifffahrtsmuseum
Bremerhaven
Hans-Scharoun-Platz 1
27568 Bremerhaven
Tel: 0471 / 482070
(Umfangreichste Sammlung zu Geschichte und Technik, z. B. die einzige Kogge, s. Abb. auf S. 26/27)

Haus der Schiffergesellschaft
Breite Str. 2
23552 Lübeck
Tel: 0451 / 72345
(Ausstellungsstücke und Informationen zur Geschichte der Hanse. Das Haus wie die gesamte Lübecker Innenstadt sind ein lebendiges Museum der Blütezeit der Hanse)

Bücher, Spiele und Neue Medien

Piraten- und Seefahrerbücher gibt es unübersehbar viele. Nachfolgend einige „Klassiker" und Hinweise auf ein paar Sachbücher mit Informationen rund um Wasser und Seefahrt.
Vergriffene Bücher finden Sie unter www.zvab.de oder www.amazon.de.

Abenteuerbücher

Avi: Salz im Haar. A. d. Amerik. v. J. Pesch. München 1995. (dtv junior) (ab 12 Jahren)
Ballegeer, Johan: Kaperkapitän Jan Bart. Zürich 1993 (anrich) (ab 12 Jahren)

Barrie, James M.: Peter Pan. z. B. Hamburg 1988 (Dressler Kinderklassiker) (ab 6 Jahren)
Auch wer die verschiedenen Trick- und Spielfilmversionen schon kennt, wird sich von Wendy und Käpt'n Hook gefangen nehmen lassen.

Baumann, Hans: Die Barke der Brüder. Aus der Zeit Heinrichs des Seefahrers. Stuttgart 1985 (Freies Geistesleben) (ab 12 Jahren)

Baumann, Hans: Piratenkid. München 1995 (dtv junior) (ab 10 Jahren)

Bromund, Dieter: Acht Glasen – Mitternacht. Reinbek o.J. (Carlsen)

Defoe, Daniel: Robinson Crusoe. z. B. nacherz. von Dirk Walbrecker, Wien 1991. (Annette Betz) (ab 8 Jahre). Die übersetzte Originalausgabe erscheint u. a. als Inseltaschenbuch.

Marc, Pierre: Die Reisen des Kapitän Cook. Zürich 1992. (bohem press) (ab 12 Jahren)

Sachse, Günter: Die Meuterei auf der Bounty. Mit Landkarten, historischen Abb. und Vignetten. Gütersloh 1995 (Bertelsmann Omnibus) (ab 14 Jahren)

Stevenson, Robert L.: Die Schatzinsel. Mit der Hispaniola auf der Suche nach dem Schatz des Piratenkapitäns Flint. z. B. München 1977 (Arena Taschenbuch) (ab 10 Jahren)
Alles, was zu einer echten Piratenszene gehört: Ein einbeiniger, ein Papagei, eine Schatzkarte ...

Timm, Uwe: Der Schatz auf Pagensand. Mit Vignetten vom Autor. Zürich 1995 (Nagel und Kimche) (ab 8 Jahren)
Benno und seine drei Freunde suchen nach Störtebekers Schatz auf einer Elbinsel und finden aufregende und wundersame Abenteuer.
Hörkassette: Die Geschichte wird von Hannelore Hoger auf drei MC vorgelesen. Dortmund 1996 (Igel Records)
(MC 548 1-3)

Sachbücher

Biesty, Stephen / Platt, Richard: Das Schiff. Ein Superbuch der technischen Wunderwerke. Hildesheim 1993 (Gerstenberg) (ab 8 Jahren)
Auf zehn Doppelseiten im Großformat gibt es jeweils einen Querschnitt durch den Schiffsrumpf eines englischen Flaggschiffs aus dem 18. Jahrhundert und viele Einzelzeichnungen mit leicht verständlichen Kurztexten (s. auch weiter unten bei Edutainment)

Brand, Rainer: ... erzählt von der Entdeckung Amerikas. Hamburg 1992 (Oetinger) (ab 8 Jahren)

Ganeri, Anita / Corbella, Luciano: Bildatlas der Meere. München 1995 (Ars edition) (ab 10 Jahren)

Meyers Kleine Kinderbibliothek: Das Schiff. Mannheim. o.J. (Meyers Lexikonverlag) (ab 3 Jahren)

Nöstlinger, Ernst: Den Osten im Westen suchen. Weinheim 1991. (Beltz&Gelberg) (ab 14 Jahren)

Segelschiffe. Hanau 1987 (Dausien) (ab 11 Jahren)

Sehen, Staunen, Wissen: Die großen Entdecker. Hildesheim 1992 (Gerstenberg) (ab 11 Jahren)

Empfehlungen für (junge) Erwachsene

Sachbücher

Wer sich intensiv mit Hanse und deutschen Seeräubern beschäftigen will, findet in den folgenden Titeln weitere Informationen:

Boehncke, Heiner / Sarkowicz, Hans: Mit Totenkopf und Enterhaken. Die Abenteuer der Seeräuber in Nord- und Ostsee. Frankfurt/M. 1994 (Eichborn Verlag)
Der Literaturwissenschaftler und der Historiker haben sich einen Namen gemacht mit ihren Räuber-Büchern: Neben Chroniken und zeitgenössischen Berichten werden Auszüge aus Romanen und Gedichten vorgestellt und kenntnisreich interpretiert.

Puhle, Matthias: Die Vitalienbrüder. Klaus Störtebeker und die Seeräuber der Hansezeit. Frankfurt / M. 2. durchgesehene Aufl. 1994 (Campus Verlag)
Der Experte für hansesche Geschichte hat eine hervorragende Studie geschrieben, die auch für den historischen Laien verständlich und gut zu lesen ist.

Zimmerling, Dieter: Störtebeker & Co. Die Blütezeit der Seeräuber in Nord- und Ostsee. Frankfurt / M. – Berlin 1988 (Ullstein Taschenbuch)
Eine lebendig geschriebene Studie mit viel Atmosphäre, die gleichzeitig auch die historischen Hintergründe detailliert darstellt. Auch für interessierte Jugendliche ab 14 Jahren geeignet.

Auch Piratinnen hat es zu allen Zeiten gegeben. Die Geschichte der weiblichen Seeräuber stellt das folgende Buch vor:
Klausmann, Ulrike / Meinzerin, Marion: Piratinnen. München 1992 (Frauenoffensive)

Belletristik

Seefahrt und Piraterie sind Motiv zahlreicher Bücher der Weltliteratur. Aus den unterschiedlichsten Genres Hinweise auf drei Klassiker und drei aktuelle Titel:

Larsson, Björn: Long John Silver. Berlin 1996 (Berlin Verlag)
Der berühmte Pirat aus der „Schatzinsel“ erzählt sein Leben – ein literarisches Spiel.
Jack London: Der Seewolf z. B. Zürich (Diogenes Taschenbuch)
In einer stürmischen Nacht wird ein Schiffbrüchiger an Bord genommen. Der Kapitän zwingt ihn, als Schiffsjunge auf dem Robbenfänger zu arbeiten.

Melville, Hermann: Moby Dick. z. B. Frankfurt/M. 1977 (Insel Taschenbuch)
Die klassische Geschichte vom Kampf zwischen Kapitän Ahab und dem weißen Wal gibt es auch in einer hoch gelobten Neuübersetzung bei Rogner & Bernhard (über 2001).

Nadolny, Sten: Die Entdeckung der Langsamkeit. München 1994 (Serie Piper)
Roman und Biographie um den berühmten englischen Seefahrer und Entdecker Benjamin Franklin.

Sobel, Dave: Längengrad. Die wahre Geschichte eines einsamen Genies, welches das größte wissenschaftliche Problem seiner Zeit löste. Berlin 1996 (Berlin Verlag)
Ein spannender Wissenschaftsreport über den schottischen Uhrmacher John Harrison, der das perfekte Instrument zur Positionsbestimmung von Schiffen auf offener See erfand.

Tipp:
Höfele, Hartmut und der Odenwälder Shanty Chor: Wild und verwegen übers Meer. ISBN (CD) 3-931902-08-0. Bestellnummer bei Ökotopia: (CD) 10031, Euro 14,90.
Eine frische Mischung aus Liedern, Lern- und Lachtexten. Mit Shanties und Seefahrersongs rund um das Leben an Bord.

Klassische Spiele und Neue Medien

Außer „Schiffe versenken" (Spielplan und Regeln s. Seite 76) gibt es noch viele Brettspiele und Computerspiele / Infotainment sowie Musik rund um Seefahrt und Piraten. Hier eine kleine Auswahl. Nicht alle Geschäfte haben die Spiele vorrätig oder sind bereit, Spiele extra zu besorgen; für diesen Fall sind die angegebenen Bezugsadressen gedacht.
Falls der Verlag die Produkte nicht mehr auf Lager hat, bestellen Sie über www.zvab.de.

Brettspiele

Edith, Grein-Böttcher / Doris Mattheus: Vigo. Familienspiel für 2 bis 6 Spieler ab 10 Jahren. Amigo, Waldstr. 23, 63128 Dietzenbach.
Wer kann als erster die Schätze aus dem Meer heben? Sie sind auf Kärtchen verzeichnet, die zu Schatztruhen zusammengebaut werden müssen. Je nach Inhalt und Größe gibt es Punkte. Aber die Schätze können wieder im Wasser verschwinden oder von Piraten erbeutet werden.

Tom Schöps / Henning Sachse / Frank Gerwin: Die Hanse. Familienspiel für 3 – 6 Spieler ab 10 Jahren. Queen Carroms, Antwerpener Straße 4, 53842 Troisdorf.
Mit dem Nachbarn gemeinsam versucht jeweils ein Spieler, seine Schiffsladung voll Salz und anderen Waren nach Hause zu bringen. Das können die gegnerischen Spielerpaare, die schlechten Wetterverhältnisse, die Vitalienbrüder oder ein blockierter Hafen verhindern. Leserinnen und Leser unseres Buches werden sicher besonders gut vorbereitet sein, bei diesem Spiel zu gewinnen!

Klaus Teuber / Franz Vohwinkel: Entdecker. Legespiel für 2 – 4 Spieler ab 10 Jahren. Goldsieber, Bergstr. 1, 90765 Fürth. Die Entdecker können große und kleine Inseln finden, die durch Kärtchen auf dem Spielplan ausgelegt werden. Für eine große Insel gibt es Siegpunkte, und der „Entdecker" kann Tabak- und Kautschukvorkommen ausbeuten oder z. B. Kartoffeln anbauen und damit weitere Punkte einsammeln.

Ronald Wettering / Wolfgang Steinmeyer: Rette sich wer kann. Familienspiel für 3 bis 6 Spieler ab 12 Jahren. Spielewerkstatt Walter Müller, Sulzberger Str. 32, 87471 Weidach.
Ein ungewöhnliches Spiel, bei dem es vor allem um Überzeugungsarbeit und gutes Verhandlungsgeschick geht: Schiffbrüchige Matrosen wollen in die Rettungsboote. Die sind aber morsch. Deshalb muss diskutiert und abgestimmt werden, wer in sichere Boote steigen kann und die rettende Insel erreichen wird.

Edutainment

Spiele und Informationen auf CD-ROMs bzw. aus den Internet sind das Medium der Zukunft. Jedenfalls bemühen sich viele renommierte Kinder-/Jugendbuch- und Spieleverlage, und auch einige neue Anbieter, neue Medien zu verkaufen. Trotz inzwischen jahrelanger Erfahrung mit diesen Medien hat man den Eindruck, dass immer noch große Unsicherheit über die Möglichkeiten von Edutainment bestehen, und zwar auf der Seite der Verkäufer wie auf der Seite der Käufer. Oft ist die aufwendig produzierte CD-ROM nichts anderes als ein mit ein paar Geräuschen und einigen Animationen aufgeblasenes Bilderbuch, das manchmal nicht einmal den Informationswert eines gut gemachten Sachbuches erreicht. Die folgenden Hinweise bedeuten deshalb relative Empfehlungen – bezogen auf das Angebot sind diese Scheiben vertretbar.

Stefan Gaffke / Jonas Kötz: Wellen, Wracks und Wassermänner. Berlin 1995 (Tivola), ab 10 – 12 Jahren. Systemvoraussetzung: CD-ROM-Laufwerk für Mac und Windows (ab 486er, deutschsprachig), Maus, Super VGA Grafik mit 256 Farben, Soundcard. Tivola, Tel.:030-61722100, Fax: 61722103
In der Tivola-Reihe „SachSpielGeschichten" ist dies die zweite CD-ROM. Die Kinder können Informationen rund ums Meer aus der Schiffstruhe herausholen, die Flaggensprache und Morsezeichen lernen, Schifferknoten binden und sogar einen Segelkurs absolvieren. Diesen und die Navigationskenntnisse kann man auch spielerisch überprüfen. Einige Spielvorschläge, Informationen und auch Basteleien sind erst für ältere Kinder unter Anleitung geeignet, obwohl der Verlag seine Scheibe ab 8 Jahren empfiehlt. Ansonsten aber: einfach aufgebaut, ansprechend gezeichnet, angenehm professionelle Sprecher, gut animiert und unterhaltsam.

Stephen Biesty: Das Flaggschiff des Königs. Mannheim 1995 (Bibliographisches Institut), ab 10 Jahren. Systemvoraussetzung: 386er oder höher, 4 MB RAM, CD-ROM-Laufwerk, MS DOS ab 3.1, Windows ab 3.1, Maus, Super VGA Grafik mit 256 Farben, Soundcard. Bibliographisches Institut & F. A. Brockhaus AG, Dudenstr. 6, 68167 Mannheim, Tel.: 0621-3901-0.
Schon das Buch (s.o.) ist beeindruckend; nun gibt es die adäquate Umsetzung auf CD-ROM. Das Flaggschiff aus dem 18. Jahrhundert kann per Mausklick bestiegen und untersucht werden, Informationen mit vielen Einzelheiten gibt es über die

Segel, die Mannschaftsmitglieder, die Arbeit auf See, Gefechte, Navigation und einzelne Mannschaftsmitglieder, über die man im jeweiligen Tagebuch noch mehr erfährt. Entsprechend der Tradition des Lexikonverlags ist die Scheibe allerdings stark informationslastig, spielerische Animationen kommen zu kurz. Weitere Einschränkungen betreffen den Sound, der kaum eine eigenständige Funktion besitzt, die Erläuterungen sind häufig für Achtjährige (Empfehlung des Verlags) zu kompliziert. Positiv, neben den guten Illustrationen und dem klaren Aufbau, ist die leichte Installation, die Möglichkeit zum schnellen Wechsel und der problemlose Ausdruck von Informationen.

Computerspiele

Sid Meier: Colonization, Großbritannien (Microprose), ab 12 Jahren, Systemvoraussetzungen: 386er, 1 MB RAM, 3,5-Zoll-Disketten-Laufwerk, Maus, ab DOS 3.3, Super VGA Grafik mit 256 Farben, Soundcard. In jedem Spielwarengeschäft erhältlich.
Ein weiterer Simulationsklassiker – es geht um die Entdeckung der neuen Welt. Man muss Amerika besiedeln und seine zahlreichen Rohstoffe abbauen und verarbeiten, um damit einen schwungvollen Handel mit den Ureinwohnern und mit Europa treiben zu können. Vielleicht erreicht man ja auch die heiß ersehnte Unabhängigkeit vom europäischen Mutterland ...
Historische Fakten und die realistischen Situationen, die Kolumbus auch erlebt haben mag, runden die spannende Spielidee ab.
(Martin Schön)

Register

(Spiele in Normalschrift, Basteltips <u>unterstrichen</u>, Rezepte *kursiviert*)

Autor, Illustratorin und Musiker

Der Autor: BERNHARD SCHÖN, M.A., ist nach sechs verschiedenen Berufstätigkeiten seit 1988 freiberuflicher Lektor und Autor; unter anderem von 1988-2005 verantwortlicher Herausgeber der Rowohlt-Elternbuchreihe „Mit Kindern leben“ und Herausgeber mehrerer Titel bei Ökotopia. Seit 1972 neunzehn eigene Buchveröffentlichungen zu den Themen Sozialpolitik, Erziehung, Jugendarbeit. 1995 erschien (gemeinsam mit Pieper/Hoffmann-Pieper) „Das große Spectaculum - Kinder spielen Mittelalter“ (14. Aufl. 2006). 1999 „Markt, Musik und Mummenschanz - Stadtleben im Mittelalter“ (mit I. R. Floerke, 5. Aufl. 2008) und 2004 (mit G. Walter) „Weihnachtliche Feste anders gestalten“ (2. Aufl. 2005)

Die Illustratorin: SUSANNE SZESNY, Grafikdesign-Studium in Münster, arbeitet seit 1991 als freiberufliche Illustratorin. Ihre Zeichnungen erscheinen in Kinder- und Spielebüchern verschiedener Verlage, vor allem bei Ökotopia. Sie hat unter anderem die Bände der erfolgreichen Reihe „Kinder spielen Geschichte“ illustriert.

Der Musiker: HARTMUT E. HÖFELE, war Jugendarbeiter und ist Musiker und Produzent. Nach seiner Zeit bei Folk-Rock-Gruppen gründete er 1977 das Kindermusiktheater „Firlefanz“, das über 15 Jahre lang erfolgreiche Auftritte in ganz Deutschland hatte. Dabei hat er auch häufig seine Seefahrerkiste mit tollen Liedern und haarsträubenden Geschichten geöffnet. Drei Jahre bei „Dinos Kinderradio“ (hr); Produzent der IKEA-Family-Kassetten. Mehr als 20 Tonträger – Lieder und Hörspiele –, u.a. bei Aktive Musik, IKEA, und im eigenen boom-Studio, wo er auch für Sony die „Maus“-Tonträger produziert. Er lebt mit Frau und Kind im Odenwald und hat den Tonträger zum Piraten- und Seefahrer-Buch aufgenommen. Inzwischen sind mehrere Bücher und Tonträger von Hartmut E. Höfele (gem. mit Susanne Steffe) bei Ökotopia erschienen.

Markt, Musik & Mummenschanz
Stadtleben im Mittelalter
Buch + CD

Ritterburg & Königsschloss
Buch + CD

Jörg Sommer
Oxmox ox Mollox
Kinder spielen Indianer

Fliegende Feder
Indianische Kultur
Buch + CD

Buch + CD
Hartmut E. Höfele · Susanne Steffe
Kindertänze aus aller Welt

Buch + CD
Regenwald & Dschungelwelt

Buch + CD
Welcome to America

Buch + CD
In 80 Tönen um die Welt

Buch + CD
TADIAS! Kommt mit nach Afrika

Buch + CD
Panda-Orca Känguru

Buch + CD
Europa in 80 Tönen

Buch + CD
Didgeridoo und Känguru

Buch + CD
Mit 80 Kindern um die Welt

Wild und verwegen übers Meer (der Tonträger)

Vielen Dank an alle, die mitgeholfen haben, unser Schiff durch die Untiefen der Klanwelt der Shantys zu schippern.
Ein kräftiges AHOI gilt dem **Odenwälder Shanty Chor**, ohne den unser Schiff den Hafen nicht verlassen hätte.

Für unsere musikalische Reise haben angeheuert folgende Seemänner & Seefrauen:
Arno Spilger, Renate Schröter, Thilo Spilger, Thomas Thünker, Petra Arnold, Anton Arnold, Ludger Krammes, Werner Schneider, Susi Gab, Markus Kohl, Birgit Hill

Leuchtturmwärter & Seepferdchen:
Ada Götz, Christiane Bickel, Gabi Walther, Lenz Diesbach, Reines Pauker, Daniel Helfrich, Sabine Hillenbrandt

Die Schiffscrew:

Seesternchen & Sologesang	Lenya Krammes
Kombüse, Banjo & Manodline	Thomas Veigl
Weltenbummler & Quetschkommode	Eckes Malz
Hulla-ballo-Nixe	Lenya Nienstedt
Klabautermann & Mandoline	Pit Baumgartner
Wellenbrecher & Rhythmus	Ralf Gustke
Lotse & Konzept	Oliver Meissner
Pirat kid, Ukulele & Gitarre	Günter Geisinger
Seemannsgarn & Textmaat	Manfred Maser
Steuermann, Gitarren, Whistle & Harp	Matz Scheid
Käpt'n Pettersen, Sprecher & Produktion	Hartmut E. Höfele

1. Kapitän Pettersen stellt sich vor (Hörspiel) 2:39
2. **Das große Seefahrt A-B-C** (Text und Musik: Rudi Mika) 3.22
3. Joujou, die Seemannssprache (Hörspiel) 2:36
4. **Auf Matrosen, packt alle an!**
(Text: Rudi Mika, Bernhard Schön/Musik: „Haul the bowline“ engl. trad.) 1:19
5. Der halbe Schlag (Hörspiel) 2:42
6. **Ho he, die Wikinger kommen**
(Text: Rudi Mika/Musik: „What shall we do with the drunken sailor“ engl. trad.) 2:10
7. Joujou, die Nordmänner (Hörspiel) 3:00
8. **Hullabaloo-balay** (Text: Rudi Mika/Musik: „Hullabaloo balay“ engl. trad.) 4:00
9. Möglich ist alles (Hörspiel) 1:58
10. **Hinaus aufs weite Meer** (Text: Manfred Maser/Musik: Matz Scheid) 2:52
11. Der schwarze Petter (Hörspiel) 2:09
12. **Captain William Kid** (Text und Musik: Günter Geisinger) 3:23
13. Die Schatzkarte (Hörspiel) 1:29
14. **Nichts los auf dem Piratenschiff** (Text und Musik: Rudi Mika) 2:47
15. Opa Pettersen erzählt Geschichten (Hörspiel) 1:27
16. **Seemannsgarn** (Text: Rudi Mika/Musik: „Seven drunken nights“ engl. trad.) 3:24
17. Beim Klabautermann (Hörspiel) 1:47
18. **Wild und verwegen** (Text: Manfred Maser/Musik: Matz Scheid) 4:11

Gesamtspielzeit 47:17

Aufgenommen in der Pflastermühle Ladenburg im Frühling 1997 mit freundlicher Unterstützung des Jugendzentrums „Kiste“
Abgemischt im Boom Studio/Odw.
Mit freundlicher Unterstützung der Boomedia AG
Ein besonderer Dank der Produzenten an Lenya Krammes!

Aufnahmeleitung:	O.M.-Audio/Oliver Meissner
Chorleitung & Arrangements:	Matz Scheid
Abmischung:	Meissner/Höfele/Scheid
Produktion:	Hartmut E. Höfele, Oliver Meissner, Rudi Mika